DEMOCRACIA E MISÉRIA

DEMOCRACIA E MISERIA

DEMOCRACIA E MISÉRIA

Helena Esser dos Reis (Org.)

discurso editorial

DEMOCRACIA E MISÉRIA
© Almedina, 2020
ORGANIZAÇÃO: Helena Esser dos Reis

DIRETOR ALMEDINA BRASIL: Rodrigo Mentz
EDITOR DE CIÊNCIAS SOCIAIS E HUMANAS: Marco Pace
ASSISTENTES EDITORIAIS: Isabela Leite e Marília Bellio
COORDENAÇÃO EDITORIAL: Milton Meira do Nascimento

REVISÃO: Sonia Reis
DIAGRAMAÇÃO: IMG3
PROJETO GRÁFICO: Marcelo Girard

ISBN: 9788562938443
Outubro, 2020

Dados Internacionais de Catalogação na Publicação (CIP)
(Câmara Brasileira do Livro, SP, Brasil)

Democracia e miséria / organização Helena Esser
dos Reis. -- 1. ed. -- São Paulo : Almedina
Brasil, 2020.

Vários autores.
Bibliografia
ISBN 978-85-6293-844-3

1. Capitalismo 2. Ciências políticas 3. Democracia
4. Democracia - Brasil 5. Desigualdade social
6. Tocqueville, Alexis de, 1805-1859 - Crítica e
interpretação I. Reis, Helena Esser dos..

20-39227 CDD-323.44

Índices para catálogo sistemático:
1. Liberdade : Ciência política 323.44
Maria Alice Ferreira - Bibliotecária - CRB-8/7964

Este livro segue as regras do novo Acordo Ortográfico da Língua Portuguesa (1990).

Todos os direitos reservados. Nenhuma parte deste livro, protegido por copyright, pode ser reproduzida, armazenada ou transmitida de alguma forma ou por algum meio, seja eletrônico ou mecânico, inclusive fotocópia, gravação ou qualquer sistema de armazenagem de informações, sem a permissão expressa e por escrito da editora.

EDITORA: Almedina Brasil
Rua José Maria Lisboa, 860, Conj.131 e 132
Jardim Paulista | 01423-001 São Paulo | Brasil
editora@almedina.com.br
www.almedina.com.br

Sumário

9 Prefácio
MARCELO JASMIN

15 A evolução de Tocqueville sobre o problema da pobreza e do pauperismo
JEAN-LOUIS BENOÎT

39 Democracia e a pobreza em Tocqueville: Os paradoxos da nossa condição
MARTA NUNES DA COSTA

55 Abençoado por Deus e igual por natureza. Tocqueville sobre democracia
KARLFRIEDRICH HERB

71 1835-1840 ou como a economia influencia o segundo volume de *A Democracia na América*
ERIC KESLASSY

97 Miséria, violação da democracia
HELENA ESSER DOS REIS

119 A questão do pauperismo no pensamento de Tocqueville
JUAN MANUEL ROSS

137 Observar a miséria: a atalaia metodológica de Alexis de Tocqueville
JULIÁN SAUQILLO

159 Ensaio sobre o pauperismo
ALEXIS DE TOCQUEVILLE

187 Segundo ensaio sobre o pauperismo
ALEXIS DE TOCQUEVILLE

PREFÁCIO

Tocqueville e a nova pobreza do capitalismo industrial

MARCELO JASMIN

Os dois textos que compõem o *Mémoire sur le pauperisme* nos apresentam o esforço analítico de Alexis de Tocqueville acerca dos aspectos morais, econômicos e políticos da pobreza no moderno mundo do capitalismo industrial em franca expansão na primeira metade do século XIX. Escritos entre 1835 e 1837, na sequência da publicação do primeiro volume de *A Democracia na América*, saído em janeiro de 1835, e a elaboração do segundo volume que viria a aparecer publicamente em 1840, os textos nos apresentam tanto desdobramentos da proposição central de que a igualdade de condições é o fator primordial da modernidade democrática, quanto proposições que derivam da experiência de Tocqueville com a pujança do capitalismo inglês que emitia sinais contrários àquela tendência igualitária.

O primeiro texto nos apresenta uma versão em tom rousseauniano acerca da história da humanidade, de suas origens aos dias vividos por Tocqueville, em que reafirma a convicção de que, diferentemente da desigualdade natural e física entre os seres humanos, a desigualdade social é criada pelas formas de ordenamento das relações históricas entre eles. Mais especificamente, é o nascimento da propriedade privada da terra que cria a novidade do estabelecimento "de modo durável [da] superioridade de um homem e, sobretudo, de uma família sobre outra família ou sobre outro homem". A propriedade da terra não é um sinal de uma desigual-

9

dade circunstancial que desaparecerá com o seu portador; ela é transmissível e, com ela, a desigualdade que cria.

Contudo, diferentemente do texto do *Discurso sobre a Origem da Desigualdade entre os Homens*, a desigualdade social é historicizada em Tocqueville. Para o autor, durante a Idade Média, os pobres contavam com um conjunto variado de institutos de proteção que garantiam a sua sobrevivência em momentos de necessidade, de modo que embora fosse enorme e hierárquica a desigualdade vigente, havia nos costumes, na religião e nas instituições feudais limites que impediam a expansão epidêmica da miséria. O mesmo, no entanto, não acontece no mundo moderno.

Em primeiro lugar, porque os novos pobres do capitalismo são "os proletários, aqueles que não têm sob o sol outra propriedade senão aquela de seus braços" – não é Marx quem fala aqui – e não têm qualquer proteção tradicional da terra ou de seus senhores quando lhes falta trabalho, o que aflige "sem cessar as populações industriais quando novas máquinas são descobertas" – e não é Engels que fala aqui. Se o acesso à terra dava aos pobres medievais meios de prover a sua existência, o desempregado urbano industrial não tem acesso a proteções tradicionais. O aumento crescente da população urbana, cada vez mais dependente do dinheiro para conseguir meios de existir, associado à redução do número dos que têm acesso à terra e à constante inovação tecnológica industrial, torna a situação da pobreza moderna explosiva. Daí a reação da monarquia inglesa, desde Elisabeth I, com a promulgação de uma série de "leis dos pobres" cuja constante renovação é testemunho de sua insuficiência. Daí, também, a visão tocquevilliana, certamente influenciada pela experiência camponesa francesa posterior à Revolução, de que o "meio mais eficaz de prevenir o pauperismo entre as classes agrícolas é, seguramente, a divisão da propriedade da terra". Mas esta não é mais uma solução para os operários.

Em segundo lugar, porque "o movimento natural e irresistível da civilização" tende não apenas a aumentar sem cessar o número dos que a compõem, como também o número e a variedade de novas necessidades até então desconhecidas no contexto medieval. O desenvolvimento da moderna "civilização" cria uma dinâmica inédita de crescimento econômico incessante e de produção crescente de bens para satisfazer as necessidades de indivíduos que agora "esperam maior conforto". Não se trata apenas dos números que aumentam, na população ou na produção de bens, mas da criação de novos significados e exigências que se associam à noção básica de necessidade. "Quanto mais rica, industriosa e próspera é uma sociedade, mais os gostos da maioria tornam-se variados e permanentes... O homem civilizado é, pois, infinitamente mais exposto às vicissitudes do destino do que o homem selvagem". Os "progressos da civilização" expõem os seus habitantes a "misérias novas". A pobreza, portanto, é também relativa às práticas e aos valores que prevalecem num dado período da vida em sociedade. Por isso mesmo, nestes ensaios, fala-se em "pauperismo", um neologismo inglês de inícios do século XIX que marca a novidade de um tipo de pobreza de massas no seio da abundância do capitalismo nascente.

Se houvesse a possibilidade de um crescimento infinito da produção, associado a uma distribuição da riqueza que permitisse a todos os habitantes das modernas democracias viver com algum conforto, a pobreza seria um tema marginal, e a desigualdade suportável. Todavia, os modos do desenvolvimento do capitalismo inglês que conheceu em conversas com o amigo economista Nassau Senior, em leituras da literatura econômica britânica preocupada com o novo fenômeno da pobreza de massas e em viagens à Inglaterra, especialmente em sua visita à cidade industrial de Manchester onde o pauperismo era incontornável, indicavam coisa diferente: "quanto mais as nações são ricas, mais o número dos que recorrem à caridade pública deve se multiplicar, posto que duas causas muito poderosas tendem a este resultado: nestas nações, a classe exposta mais naturalmente às necessidades aumenta sem cessar, e de outro lado, as necessidades aumentam e se diversificam elas mesmas ao infinito; a possibilidade de se encontrar exposto a alguma destas causas torna-se mais frequente a cada dia".

O segundo texto, mais extenso, mas inacabado, busca as soluções possíveis para a difícil questão do pauperismo. Após tratar da caridade privada e daquela estatal – seja a legislação dos pobres inglesa, sejam as caixas de poupança organizadas pelo Estado nacional francês – Tocqueville conclui que nem a disposição filantrópica individual, nem a intervenção estatal na prevenção da miséria têm produzido efeitos benéficos e duradouros. Busca, então, outro caminho: "Em minha opinião, todo problema a resolver é este: encontrar um meio de dar ao trabalhador industrial, como ao pequeno industrial, o espírito e os hábitos da propriedade". O meio mais simples de produzir este resultado seria, segundo o autor, que os proprietários do capital dessem aos trabalhadores "uma participação nos lucros das fábricas", o que poderia produzir efeito semelhante à partilha da grande propriedade fundiária em mãos de camponeses. Mas os "empreendedores da indústria se mostraram quase todos pouco inclinados a dar a seus trabalhadores uma porção proporcional dos lucros ou a colocar na empresa as pequenas somas que estes poderiam lhes confiar". Do mesmo modo, as cooperativas de trabalhadores para empreender não teriam sido, até ali, bem-sucedidas, embora Tocqueville afirme "que se aproxima um tempo no qual um grande número de indústrias poderá ser conduzido desta maneira".

Dada a dupla impossibilidade, o autor do *Mémoire* buscará inspiração na experiência das instituições filantrópicas e populares de Metz, para propor um "banco dos pobres" no qual a poupança dos trabalhadores em tempos de bonança constituiriam um fundo destinado a prover empréstimos aos necessitados, a juros mais baixos que os de mercado, fazendo com que a poupança se capitalize a custos menores para aqueles em situação de penúria. A proposta, infelizmente, é pouco detalhada no texto que, afinal, não foi apresentado a público. Talvez possamos ver aqui ecos da experiência norte-americana da Nova Inglaterra na qual a democracia supunha uma massa de seres humanos mais ou menos iguais, ciosos de sua participação na vida comunitária e cultivadores de um interesse bem compreendido que incentivava, pela via da associação entre iguais, a solução dos problemas comuns. Pensada em termos de descentralização administrativa, a ideia de unir "banco de crédito a fundo perdido" e "caixa de poupança" em nível local pode não ser um engenho econômico extraordinário, mas indica como o pensamento de Tocqueville mantém ativa a perspectiva republicana e associativa para lidar com as tendências bárbaras que os progressos da civilização impunham até então.

O leitor brasileiro tem nesta nova tradução do *Mémoire sur le pauperisme* para a língua portuguesa, um texto instigante deste autor tão difícil de ser classificado nas caixas estreitas das tipologias do pensamento político, e cujo pensamento continua a nos interpelar. E terá também, nesta ótima seleção de artigos dos estudiosos da vida de Tocqueville, um manancial rico, erudito e plural que o acompanhará na travessia da leitura com a dignidade e o rigor que a pesquisa acadêmica requer em qualquer tempo, especialmente neste momento do século XXI em que praticamente qualquer coisa parece poder ser dita e divulgada sem que haja compromisso com a boa fé e a busca da verdade.

A evolução de Tocqueville sobre o problema da pobreza e do pauperismo[1]

JEAN-LOUIS BENOÎT

Para compreender o lugar exato dos *Ensaios sobre o pauperismo*, é importante considerar as condições precisas de sua redação.

Antes de sua viagem aos Estados Unidos, em 1831-1832, Tocqueville estava decidido a começar uma carreira política. "É o homem político que precisamos desenvolver em nós", tinha escrito a seu amigo Beaumont, em 25 de outubro de 1829. A partir de então, logo que atinge os trinta anos e paga mais de quinhentos francos de impostos, ele pode ser candidato às eleições legislativas e pretende se apresentar em 1837 à Cherbourg, mas, para ter chance de ser eleito, é preciso se estabelecer no Contentin. Neste mesmo ano, torna-se proprietário do castelo de seus ancestrais, com o título de visconde. Em 1834, torna-se membro correspondente da Sociedade Real Acadêmica de Cherbourg, uma das sociedades científicas da época, composta por notáveis, aos quais se conferia certo prestígio suscetível de influenciar, eventualmente, os membros do corpo eleitoral censitário.

Aureolado pelo sucesso de *Da democracia na América*, publicada em janeiro de 1835, ele quer causar boa impressão sobre os membros daquela douta assembleia. Para atingir seu fim, vale-se de estratégias para provocar a academia de Cherbourg a lhe solicitar uma comunicação erudita.

Quando em sua primeira viagem a Londres, em 1833, encontrou Nassau Sênior, o maior economista inglês do momento, que estava

---

1 Tradução de Helena Esser dos Reis e revisão de Céline Marie Agnès Clément

encarregado da revisão da *Poor Law*, que ele tratava de adaptar às condições desta nova forma de pobreza, à qual os ingleses tinham dado o nome de "pauperismo". Em 1834 escreve a Nassau Sênior:

> Suponho que você tenha terminado a redação do seu importante relatório sobre a Lei dos Pobres. Neste caso, serei muito grato se me fizeres chegar um exemplar, por intermédio do nosso Consul Geral. O volume contendo alguns extratos da sua pesquisa sobre o tema suscitou aqui um vivo interesse. O resultado final dos seus esforços não pode deixar de ser igualmente bem acolhido.

De fato, foi ele quem fez de tudo para suscitar o interesse da academia local sobre esta questão. Um ano mais tarde, em março de 1835, escreve a seu correspondente: "Uma sociedade científica da minha província acaba de solicitar-me um relatório sobre o pauperismo..." (Tocqueville 1951-2002, VI, 2: 73). A Sociedade Real Acadêmica de Cherbourg não tinha deixado de pedir ao seu correspondente mais ilustre, que podia se prevalecer *hic et nunc* de sua experiência inglesa, como da experiência americana anterior, um relatório sobre o pauperismo. Mas, isso não era o mínimo?

O QUE É O PAUPERISMO

A palavra pauperismo, importada da Inglaterra era de uso recente, apareceu em 1815 e correspondia a um fenômeno novo causado pelas mutações da sociedade industrial. O desenvolvimento do liberalismo econômico engendrava, ao mesmo tempo, grandes riquezas de um lado, e uma pobreza endêmica do outro. Desde 1819, o economista genovês Sismondi destacara a necessidade de corrigir uma economia exclusivamente voltada para a produção de riquezas em proveito de alguns, e desenvolver uma economia social destinada ao maior número. Em *Nouveaux príncipes d'économie politique ou de la richesse dans ses rapports avec la population*, apoiando-se sobre o exemplo inglês, ele demonstra como «a sociedade industrial instaura uma verdadeira desproporção entre o destino daqueles que trabalham e daqueles que desfrutam dela" (Sismondi 1971: 106).

Tocqueville tinha descoberto a questão do pauperismo durante sua primeira viagem à Inglaterra, em 1833, quando de seu encontro com Nassau Sênior. Neste país que representava o modelo mais acabado do sistema econômico liberal, a riqueza tinha aumentado consideravelmente e sido acumulada em um número limitado de mãos, ao mesmo tempo em que surgia uma pobreza de um novo gênero. Em 7 de agosto de 1833, Alexis escreveu a sua mãe: "A senhora me encontrará ainda atordoado pela excessiva riqueza que se observa (aqui). São parques, casas de campo, serviçais, lacaios, cavalos; luxo universal que, frequentemente, cobrem a miséria, ou, pelo menos, a ocultam maravilhosamente aos olhos do estrangeiro" (Tocqueville 1951-2002, XIV: 172).

Mas, quando redige seu primeiro *Ensaio*, o conhecimento que tem do pauperismo não é senão um conhecimento de segunda mão, um conhecimento por ouvir dizer. Ele extraiu a matéria de seu texto das conversas com Nassau Sênior, e do texto que este lhe enviou, mas também de suas discussões com Lord Radnor, que o convidou para assistir a uma sessão do tribunal na qual ele julgava litígios originados pela aplicação da mesma lei da qual ele lhe mostrara os efeitos perversos. Exemplos instrutivos e lastimáveis ao mesmo tempo. Graças a estes elementos, Tocqueville bem apreendeu o mecanismo do pauperismo, compreendeu como o problema engendrado pela revolução industrial surgiria logo na França; mas só fez a experiência direta do pauperismo alguns meses mais tarde, em Manchester no início de julho de 1835.

O PRIMEIRO *ENSAIO SOBRE O PAUPERISMO*, 1º TRIMESTRE DE 1835

O primeiro *Ensaio* se inspira, no fundo como na forma, no *Discurso sobre a origem e os fundamentos da desigualdade entre os homens*, de Rousseau. Tocqueville retraça uma história da propriedade e da apropriação desde as origens, das sociedades rurais à revolução industrial, que introduz uma ruptura quantitativa e qualitativa fundamental. Ela engendra simultaneamente um desenvolvimento econômico considerável e uma forma inteiramente nova de pobreza de massa frente à qual os auxílios e recursos tradicionais são insuficientes e inadequados.

Estes permanecem, no entanto, parte integrante de sua cultura cristã e de seu meio. A pobreza é de todos os tempos e de todos os países. "Pobres, tereis sempre deles convosco, mas eu, vós não me tereis sempre" (João 12, 1-11). Ele defende, então, as virtudes da caridade que eleva aquele que dá como aquele que recebe, enquanto a caridade legal, inelutável quando surge a nova pobreza de massa que constitui o pauperismo, se faz às custas daquele que dá como daquele que recebe:

> Toda medida que funda a caridade legal sobre uma base permanente e que lhe dá uma forma administrativa cria, então, uma classe ociosa e preguiçosa, vivendo às custas da classe industrial e trabalhadora. (...) Ela deprava os homens ainda mais do que os empobrece. (...)
>
> A esmola individual estabelece laços preciosos entre o rico e o pobre (...) Uma ligação moral se estabelece entre as duas classes, cujos interesses e paixões concorrem para separar, e divididos pela fortuna sua vontade os reconcilia; nada disto há na caridade legal. Esta deixa subsistir a esmola, mas lhe tira sua moralidade. O rico, que a lei despoja de uma parte do seu supérfluo sem lhe consultar, não vê o pobre senão como um estranho convocado pelo legislador, ávido pela partilha dos seus bens. O pobre, por seu lado, não sente nenhuma gratidão por um benefício que se pode lhe recusar e que não poderia, aliás, lhe satisfazer. (...)
>
> Que esperar de um homem cuja posição não pode melhorar, pois ele perdeu a consideração de seus semelhantes, que é a primeira condição de todos os progressos (...) Que ação resta à consciência e à atividade humana em um ser assim limitado por todas as partes, que vive sem esperança e sem temor.

Reduzido à caridade legal, o indivíduo perde sua humanidade, é levado ao nível do animal, e sua natureza se encontra "embrutecida", no sentido primeiro da palavra.

CARIDADE LEGAL E CARIDADE CRISTÃ

Tocqueville permaneceu sempre marcado pelo catolicismo de seu meio e de sua infância e às iniciativas caridosas individuais, desconsiderando a de ordem legal. A caridade cristã permanecia, pelo menos na sua experiência familiar, uma prática regularmente observada pela velha aristocracia do Contentin. Hervé, seu pai, guardava o hábito de distribuir pão aos pobres a cada inverno. Também, nos anos difíceis, os Tocqueville e outros castelães dos arredores davam trabalho aos operários idosos ou aos diaristas a fim de lhes permitir escapar da escassez. Eis o que Alexis escreve a seu pai no início do ano de 1854:

> Devem lhe pedir, como a mim, para tomar parte em uma subscrição. Eu dei cinquenta francos por mês até a colheita. Uma subscrição é, enfim, o melhor meio que podemos empregar em tempos de miséria, porque então todo mundo apoia mais ou menos (Tocqueville 1951-2002, XIV: 289).

E, no 25 de novembro do ano seguinte:

> A cada dia, a aproximação do inverno torna a carestia da subsistência mais penosa aos pobres. (...) Cada um (deve) prover individualmente segundo suas forças. (...) Nós damos àqueles que nos parecem mais miseráveis; empregamos certo número de homens aos quais a idade não permite ganhar um salário noutra parte que não em nossa casa. Penso, caro pai, que poderia ser útil, a partir do 1° de dezembro ou do Natal, aumentar um pouco as rações de pão que você faz distribuir a cada quinze dias. Você tem dado até o momento quatro cestos por mês. Eu penso que se você desse seis por mês durante o inverno seria muito útil. Se na primavera a miséria tornar-se ainda maior, você ainda poderia aumentar um pouco a dose. Mas isso ainda não é necessário agora (*Id., ibid.*, XIX: 318).

Em outro texto, não datado, ele propõe a criação no Contentin de associações comunais nas quais os cidadãos subscreveriam voluntariamente, em função de seus meios, a um fundo de auxílio, gerido e controlado como uma associação, à qual os necessitados poderiam recorrer, o que evitaria a vagabundagem, os roubos e a mendicância. O pobre saído da miséria contribuiria por sua vez, voluntariamente, a este fundo social e os mais ricos teriam que compreender "que a providência os tornou 'solidários' dos pobres e que não há desgraças inteiramente isoladas neste mundo" (Tocqueville 1951-2002, XVI: 158-161).

A caridade é uma virtude máscula, mas mesmo se as sociedades de caridade e os cidadãos se esforçam por lhe dar a maior amplitude possível, ela não pode superar a pobreza e as misérias engendradas pelo pauperismo que provém essencialmente da revolução industrial que produz simultaneamente e quase inelutavelmente grandes riquezas e uma miséria considerável.

Tocqueville parte de uma constatação antinômica, cujos dados numéricos toma de Villeneuve-Bargemont (1834: 142-143): os países mais ricos e mais avançados industrialmente são igualmente aqueles nos quais o número de miseráveis é maior, assim como, contrariamente, nos países relativamente pobres, a grande pobreza e a miséria são menos importantes. Assim, a Inglaterra conta um indigente entre seis habitantes (16,6%) contra somente 4% na Espanha e Portugal...

Ele toma de Villeneuve-Bargemont o aparato descritivo, com a aparente cientificidade do século XIX, que contabiliza e classifica pobres, vagabundos e mendigos, calcula a porcentagem da população pobre em relação à população total, a dos mendigos em relação à população indigente, depois em relação à população total, e estabelece uma estatística comparativa entre a Inglaterra e a França, e evidencia as lições que ele guardou de sua viagem à Inglaterra em 1833 e de suas trocas epistolares com Nassau Sênior.

A análise das mutações da sociedade britânica desde Henrique VIII, e sobretudo desde Elizabeth Iª, permite compreender as razões do crescimento simultâneo da indústria e das riquezas, de um lado, e do pauperismo de outro.

Como Henrique VIII suprimiu as sociedades de caridade, o número de pobres cresceu tão consideravelmente que, 50 anos mais tarde, Elizabeth Iᵃ institui a *Poor Law*, colocando os pobres sob o encargo das paróquias, cujo efeito foi fixá-los em sua situação e retê-los em suas paróquias. De outro lado, enquanto na França, desde o século XVIII, a propriedade agrícola era dividida e as pequenas explorações multiplicadas, na Inglaterra o movimento de cerceamento privava de terras os camponeses mais pobres. O aumento dos espaços de grandes explorações permitia cultivar mais e melhor utilizando menos mão de obra. Sobre este ponto, ele se opõe frontalmente a Nassau Sênior, porque este processo cria um proletariado e subproletariado agrícola que se encontrava expulso do campo para as cidades criando, assim, uma mão de obra numerosa e de bom preço: o proletariado urbano submetido ao pauperismo:

> O agricultor é solicitado por seu interesse a deixar a charrua e entrar nas manufaturas, ele é, de algum modo, empurrado, à revelia dele mesmo, a contribuir para a aglomeração da propriedade da terra. (...) A terra lhe falta e a indústria o chama. Este duplo movimento o arrasta. Dos vinte e cinco milhões de habitantes que povoam a Grã-Bretanha, não há mais do que nove milhões que se ocupam de cultivar o solo; quatorze milhões ou quase dois terços seguem os acasos perigosos do comércio e da indústria. O pauperismo deve ter crescido mais rápido na Inglaterra do que nos países cuja civilização era igual a dos ingleses. A Inglaterra, tendo admitido o princípio da caridade legal, não pode deixá-la. Assim, a legislação inglesa dos pobres não apresenta, há duzentos anos, senão um longo desenvolvimento das leis de Elizabeth. Quase dois séculos e meio são passados desde que o princípio da caridade legal foi plenamente admitido em nossos vizinhos, e podemos julgar agora as consequências fatais que decorrem da adoção deste princípio.

O Estado instituiu uma assistência generalizada, uma caridade legal, segundo a expressão do momento, mas a experiência inglesa prova que ela não pode parar o processo e produz mais mal do que bem: "O pauperismo crescia mais rapidamente na Grã-Bretanha do que noutros lugares". O crescimento rápido e massivo do pauperismo na Inglaterra aparece, então, como normal e estrutural visto que o país é o mais desenvolvido de um ponto de vista industrial e que o crescimento industrial engendra mecanicamente o pauperismo. O primeiro ensaio termina, então, por um impasse e um escândalo: impasse porque parece impossível encontrar um remédio a esse pauperismo galopante, e escândalo porque a soma das riquezas nacionais aumenta sem que aqueles que as produzem tirem delas a menor vantagem.

O balanço final deste primeiro ensaio é complexo e enfatiza quanto será difícil encontrar uma solução ao problema do pauperismo. A caridade legal é certamente muito imperfeita, mas todo sistema regular, permanente, administrativo, cujo propósito seja prover as necessidades do pobre, fará nascer mais misérias do que poderá curá-las.

O SEGUNDO ENSAIO SOBRE O PAUPERISMO

Em julho de 1835, quando da sua segunda viagem à Inglaterra, Tocqueville faz pela primeira vez a experiência concreta da miséria engendrada pela revolução industrial; ele tem contato direto com a realidade do pauperismo quando visita Manchester. Apresenta-nos uma visão apocalíptica dos sórdidos bairros de Manchester que põe em evidência a oposição entre a riqueza do capitalismo e a miséria do proletariado, entre a cloaca e o ouro que ela produz:

> Em Manchester, alguns grandes capitalistas, milhares de pobres trabalhadores, poucos da classe média.
>
> [...] Aqui é o escravo, lá o mestre; lá as riquezas de alguns; aqui, a miséria da maioria; lá, as forças organizadas de uma multidão produzem em proveito de um só, o que a sociedade ainda não sabia dar; aqui, a fraqueza individual se mostra mais débil e desprovida do que no meio dos desertos; aqui os efeitos, lá as causas.
>
> [...] É no meio desta cloaca infecta que o maior rio da indústria humana tem sua nascente e vai fecundar o universo. Deste esgoto imundo escoa ouro puro (Tocqueville 1951-2002, V, 2: 78,81,82).

Tocqueville terminou seu primeiro *Ensaio* pelo anúncio de um segundo texto, cujo objeto seria a proposta de medidas com auxílio das quais pudéssemos esperar o combate estrutural do pauperismo, ou mais exatamente, prevenir sua aparição; mas o segundo ensaio jamais foi terminado, nem apresentado à sociedade acadêmica. O manuscrito que chegou a nós foi escrito em 1837, ele é mais curto do que o primeiro, mas seu conteúdo é muito mais interessante e original. De fato, Tocqueville destaca várias soluções parciais mas complementares e bem dentro do espírito do tempo, que poderiam eficazmente contribuir para lutar contra o pauperismo: a criação de um banco dos pobres, o desenvolvimento dos lucros e/ou a participação, o que ele chama os lucros dos operários nas fábricas; e a constituição de Associações industriais de operários que prefiguram os S.C.O.P. (Sociétés Coopératives Ouvrières de Production – Sociedades Cooperativas Operárias de Produção, hoje chamadas "Participativas"). São elementos concretos dos quais ele descreve os mecanismos possíveis e/ou já existentes.

Na França, o avanço da industrialização e a revolução industrial viriam a ocorrer muito mais lentamente durante o século XIX; em 1870, 70% da população ativa permanece rural, será preciso esperar a metade do século XX para que o país se torne uma potência industrial verdadeiramente importante. A expressão "revolução industrial" pode parecer muito forte para caracterizar a evolução da economia e da indústria sob a *Monarchie du Juillet* e a segunda República. Contudo, a mutação econômica já está desencadeada e, além do aspecto quantitativo, o processo de industrialização do século XIX, a evolução das relações operário-patrão, os modos de produção e a proletarização dos indivíduos engendram verdadeiras ilhas de pauperismo (o termo aparece na França em 1823) e provocam, a partir de 1830, sobressaltos políticos cuja explosão de junho de 1848 é um dos momentos fortes.

TRÊS MEDIDAS PARA PREVENIR O PAUPERISMO: A CRIAÇÃO DE UM BANCO DOS POBRES, A PARTICIPAÇÃO E AS SOCIEDADES COOPERATIVAS OPERÁRIAS DE PRODUÇÃO

A própria expressão *Banco dos pobres* poderia parecer anacrônica, até mesmo impensável para os detentores da *doxa* que, imperturbavelmente, fazem de Tocqueville um pensador da direita. Entretanto, ela se encontra tal qual registrada no segundo *Ensaio sobre o pauperismo*. Tocqueville caracteriza assim seu projeto: "Será um verdadeiro banco dos pobres, no qual os pobres forneceriam o capital" (Tocqueville 1951-2002, XVI: 154).

Quando redige o segundo *Ensaio*, em 1837, ele é candidato, pela primeira vez, a deputado pela circunscrição eleitoral de Valognes. Ele pretende dar prova de sua capacidade de homem político, informado sobre os assuntos do momento, capaz de tomar parte nos grandes debates e de propor soluções. Assim, retoma as matérias do exame da lei sobre as caixas de poupança, que ocorreu na câmara de deputados, do 20 ao 22 de fevereiro do mesmo ano, e insiste sobre uma ideia que, para ele, é capital: a necessária união dos bancos de crédito a fundo perdido e das caixas de poupança. Retoma uma das proposições feitas à câmara em 3 de fevereiro de 1835, e discutida novamente em 12 de março de 1837, e apoia sua argumentação nos resultados obtidos por Felix de Viville, diretor da caixa de poupança e do fundo de piedade de Moselle, departamento do qual seu pai tinha sido prefeito de fevereiro de 1817 a junho de 1823 e tinha desempenhado um papel essencial na criação desta caixa de poupança; fato tanto mais importante aos olhos de Tocqueville que, a este respeito, Hervé de Tocqueville conservasse suas ideias liberais anteriores à Revolução.

UM BANCO DOS POBRES

O primeiro objetivo da criação de um banco dos pobres é estabelecer uma instituição destinada a combater o flagelo do pauperismo dando uma parte ativa aos mais desfavorecidos a fim de apelar à sua liberdade e à sua responsabilidade. Para Tocqueville, esta criação é necessária para conter a lógica capitalista que "arruína o pobre" (Tocqueville 1951-2002, XVI: 154), como o fazem os créditos a fundo perdido que emprestam a 12%! É preciso, ao contrário, associar as caixas de poupança, nas quais o operário pode depositar suas economias quando a situação é relativamente próspera, e os bancos de crédito a fundo perdido, aos quais ele recorre durante os períodos difíceis. Tal sistema permitiria, com uma boa gestão que dependeria da administração local, controlada em um nível superior pelo Estado, remunerar os depósitos a 5% e os empréstimos a 7% somente. A gestão legal resulta, para Tocqueville, em caridade legal indireta. O conjunto do processo apresenta uma caraterística autenticamente moral incitando os operários à poupança e ao desenvolvimento de sua responsabilidade. Por outro lado, o sistema sendo regionalizado, permitiria agir sobre a economia local e criar empregos em lugar de beneficiar os rentistas parisienses:

> Penso ser prejudicial centralizar, sem cessar, todos os pequenos capitais disponíveis nas províncias, os quais poderiam servir a fecundar as localidades. (...) É apenas uma parte das poupanças dos pobres que retornam aos pobres na forma de salários ou de melhorias sociais. A grande massa, sobretudo a partir da nova lei, vai se perder nos fundos públicos e permanece nas mãos do comércio e dos rentistas de Paris (*Id., ibid.*, XIV: 200).

O desenvolvimento das caixas de poupança foi criticado pela hierarquia católica; em 1838, Tocqueville protesta violentamente, em uma carta ao seu irmão Édouard, contra o bispo de Coutances, Sr. Robiou, que critica aqueles que recolhem à caixa de poupança: "o que, em Valognes, nação devota, paralisa absolutamente esta caixa. Consegue imaginar, acrescenta, semelhante loucura e tão perigosos imbecis?" (Tocqueville 1951-2002, XIV: 200).

A PARTICIPAÇÃO E AS SOCIEDADES COOPERATIVAS OPERÁRIAS

Para lutar eficazmente contra o pauperismo, conviria igualmente acompanhar o desenvolvimento da poupança popular por meio de duas outras medidas no âmbito da vontade coordenada do patronato e dos operários em um caso, e apenas do mundo operário em outro. Tocqueville propõe assim o que, mais tarde, se chamará de "participação" e analisa o lucro e os limites das cooperativas operárias que já existem na época.

O pauperismo está ligado, por essência, ao fato de o operário ou o indigente, ou seja, o proletário, não possuir nada, o que o diferencia do camponês, mesmo pobre que sue sangue e água para comprar algumas porções de terra. O raciocínio de Tocqueville é simples e se inscreve no movimento das ideias do momento. É a proletarização e a ausência de toda propriedade, e de toda perspectiva de propriedade, que engendra o pauperismo. É preciso encontrar um sistema que, de um modo ou outro, torne os indivíduos proprietários de alguma coisa. Ele considera, então, como equivalente parcial e indireto da propriedade do instrumento de trabalho, uma forma de participação dos operários no capital, e por consequência dos benefícios, da empresa. A participação apresentava múltiplas vantagens econômicas e morais, mas Tocqueville sabia que, apesar da simplicidade da sua aplicação ela não seria aceita por causa das resistências ideológicas e culturais do patronato e do mundo operário. Eis como ele formula a ideia geral desta participação e os obstáculos que tornam inaplicável um sistema que reverteria tanto aos capitalistas quanto aos operários.[2]

> Na minha opinião, todo o problema a resolver é este: encontrar um meio de dar ao operário industrial, como ao pequeno agricultor, o espírito e os hábitos da propriedade.
>
> Dois meios principais se apresentam: o primeiro, e este que inicialmente

---

2 Registramos, entretanto, que ideias semelhantes se encontram a partir da metade do século em Godin, por exemplo.

parece o mais eficaz, consistiria em dar ao operário participação nos lucros da fábrica. Isso produziria para as classes industriais efeitos semelhantes aos que decorrem da divisão da propriedade fundiária entre a classe agrícola. (...)

(Infelizmente) os capitalistas empreendedores da indústria mostram-se, quase todos, pouco inclinados a dar aos operários uma porção proporcional dos ganhos ou a colocar na empresa as pequenas somas que aqueles poderiam lhe confiar. Eu penso que, para seu próprio lucro, seria um grande erro não fazê-lo, mas não seria justo nem útil obrigá-los a isso.

A outra dificuldade provém da falta de formação e maturidade do mundo operário, que frequentemente conduz suas associações industriais ao fracasso, embora apresentem grande interesse, ao menos para o futuro. A terceira proposição considerada por Tocqueville consiste em facilitar o estabelecimento destas associações de operários. Este compromisso assumido pelos próprios indivíduos, implicando responsabilidade e liberdade, representa uma das múltiplas formas que podem assumir as associações, que são uma das inovações maiores da democracia. Mas estas associações operárias, que já existiam na França, sofreram revezes tanto por causa da falta de formação de seus membros, quando pela repressão judicial da qual Tocqueville "esquece" de falar (Mélonio in: Tocqueville 1951-2002: 146, nota 6).

Mas ele considera, de qualquer modo, que as associações apresentam uma das novas formas cujo desenvolvimento permitiria evitar os desvios do liberalismo como do socialismo, dos quais elas se distinguem, segundo ele, absolutamente, pois, se modificam a natureza da propriedade, não questionam sua existência:

> Quando os operários quiseram prescindir dos capitalistas, se associar entre eles, reunir fundos e gerir sua indústria com auxílio do sindicato, não tiveram êxito. A desordem não tardou a se introduzir na associação, seus agentes foram infiéis, seus capitais insuficientes ou mal assegurados, seu crédito quase nulo, suas relações comerciais bastante restritas. Depressa uma concorrência ruinosa forçava a associação a se dissolver. (...) (Mas) na medida em que nossos operários adquirirem luzes mais extensas e que a arte [de] se associar (...) e que o governo, sossegado sobre seu objeto, não (lhe) recusará (...) sua benevolência e seu apoio, as veremos se multiplicar e pros-

perar. Eu penso que nos séculos democráticos como os nossos, a associação em todas as coisas deve, pouco a pouco, substituir a ação preponderante de alguns indivíduos poderosos. A ideia das associações industriais de operários me parece que deverá ser fecunda, mas não me parece madura.

UM ENSAIO INACABADO, NÃO APRESENTADO E NÃO PUBLICADO

Se Tocqueville renuncia a terminar seu segundo *Ensaio* tão rico e interessante, e mais inovador do que o primeiro, há três razões ligadas entre elas. Primeira, a urgência do combate político no qual se engaja não lhe deixa mais muito tempo para levar a cabo elementos diferentes; segunda, ele tomou consciência de ter tomado o caminho errado: o problema posto pelo pauperismo está ligado essencialmente às realidades industriais, mas seu departamento permanece um departamento essencialmente rural. Certamente os operários do arsenal de Cherbourg representam um número muito importante de operários, mas sua porcentagem na população ativa permanece fraca. Enfim, ele sabe que não tem, e talvez jamais terá, os meios de empreender a realização de uma tal política que quase não encontrava eco (isso foi verdade durante toda a Monarchie de Juillet, mas também sob a segunda República e bem mais tarde na França) e, de um ponto de vista ideológico, ele queria ser pragmático e não desejava ver seu nome figurar entre os utopistas, Saint-Simon, Fourier, Owen, Godin, Enfantin... Ele tem interesse, de certo modo, por seus trabalhos, e os lê qualificando seus sistemas de devaneios.

AS INTERVENÇÕES POLÍTICAS DE TOCQUEVILLE NA LUTA CONTRA A MISÉRIA E A POBREZA

Tocqueville foi eleito ao Conselho Geral da Mancha em 1843; tornou-se presidente em 1849 e pediu demissão em 29 de abril de 1852, recusando-se a prestar juramento ao novo regime. Nesta assembleia, defende dois grandes temas: a realização da linha Paris-Cherbourg e, na sua luta contra a pobreza e a miséria social, a questão dos órfãos e o auxílio às mães. É o relator, de 1843 a 1846, dos trabalhos sobre as crianças abandonadas, que associa ao problema de auxílio às mães, corolário indispensável de uma política visando reduzir o número de abandonos. Ele trava, na Mancha, o mesmo combate que Villermé em Reims e Paris; denuncia, nos relatórios que elabora sobre esta questão, a desigualdade de destino das crianças abandonadas, de acordo com as práticas dos diferentes hospitais e das diferentes cidades. As crianças são confiadas a instituições, das quais saem aos doze anos. É fácil, então, conhecer a taxa de mortalidade do nascimento aos doze anos, idade além da qual eles não estão mais sob o controle da instituição. Apenas uma criança de cada duas atinge o segundo ano, e uma em cada três chega aos 12. A taxa de nascimentos ilegítimos é em torno de 8%, e a metade destas crianças é abandonada. Por não ser capaz de curar este mal, o Império o institucionalizou com a criação da roda dos enjeitados: um guichê giratório que permite depositar a criança no hospital ou no orfanato. Isso é um verdadeiro flagelo social e humano ligado diretamente ao pauperismo. Tocqueville pede, e termina por obter, a supressão destas rodas, que ocultam o mal e o agravam em lugar de curá-lo. Ele ressalta com insistência, de mais a mais, a necessidade de um auxílio social, extenso e generalizado, que, unicamente, permite evitar uma parte importante dos abandonos e igualmente, ponto capital para Tocqueville, conservar estas crianças em seu verdadeiro estado civil[3]. A coletividade deve ajudar financeiramente as mães a educar e a escolarizar suas crianças até seus doze anos e salvá-las assim da morte física, da morte civil e da morte social, escolarizando-as e ensinando a elas um ofício. O problema assim apresentado muda de dimensão: ele salienta doravante uma política social global;

---

3 O combate se situa na mesma linha de ação do seu ilustre bisavô, Malesherbes, que restituiu aos protestantes seu estado civil, ou seja sua cidadania, sua existência legal.

termina assim seu último relatório sobre a questão, em 19 de setembro de 1846: "A questão é difícil, consinto, e devo reconhecer que, trazida à tribuna, provocará vivas discussões; mas para que servem os Governos senão para resolver, por sua poderosa iniciativa, questões deste tipo? É seu ofício, Senhores, não o nosso" (Tocqueville 1951-2002, X: 690).

Trata-se para ele, então, de substituir as instituições de caridade, oriundas do antigo regime, por um sistema de assistência legal e generalizada: o Estado deve legislar e ser o mestre de obra das grandes reformas econômicas, políticas e sociais; cabe ao poder central decidir a política social da nação e o departamento deve assegurar a implementação e a gestão.

AO FINAL DA *MONARCHIE DE JUILLET*, O PROGRAMA DA *JOVEM ESQUERDA* E A CAMPANHA DOS BANQUETES

A partir de 1846, Tocqueville considera que a sociedade francesa está cada vez mais estagnada. As últimas eleições reforçaram a maioria conservadora do poder e as diferenças aumentam entre o país legal e o país real, entre os possuidores e aqueles que não têm nada, entre a burguesia e o proletariado.

Desde o início do novo regime, em 1830, uma só classe-casta mantém em suas mãos todos os poderes, políticos e econômicos, dos quais ela retira todos os lucros:

> Uma só classe quase homogênea no seio da qual [...] é quase impossível fazer nascer e subsistir grandes partidos, ou seja, grandes associações políticas com interesses muito distintos e querendo coisas muito diferentes. [...] É que no fundo [os homens políticos da *Monarchie de Juillet*] diferem mais pelas palavras do que pelas ideias. (...) Sua luta parece mais uma querela intestina no seio de uma mesma família do que a guerra permanente entre dois grandes partidos com interesses diferentes e, por consequência, uma conduta e doutrinas muito diversas (*Id., ibid.*, III,2: 740).

Neste ano de 1846, Tocqueville e seus amigos constituíram

a *Jovem Esquerda*, a fim de poder intervir direta ou indiretamente na vida política e oferecer uma alternativa antes que uma grave crise se produzisse, mas este movimento jamais influenciou mais do que uns trinta deputados. Em 1847, com seus amigos, tenta desbloquear a situação e redige, de acordo como a oportunidade se apresentava, três breves textos que constituem os esboços de um programa de governo: "Da classe média e do povo" e "Fragmentos para uma política social", assim como um texto sobre a "Questão financeira", que põe em evidência como e por que a situação tornou-se perigosa, e destaca a necessidade de melhorar as condições materiais da classe operária e de melhor integrá-la na vida política francesa (Tocqueville 1951-2002, III, 2: 738-744):

> Estender pouco a pouco o círculo dos direitos políticos, de modo a ultrapassar os limites da classe média a fim de tornar a vida pública mais variada e mais fecunda e interessar, de maneira regular e pacífica, as classes inferiores pelos negócios públicos.
>
> Fazer da condição material e intelectual das classes o objeto principal do cuidado dos legisladores, dirigir todo o esforço das leis para a diminuição e, sobretudo, para a igualização das taxas públicas, a fim de fazer desaparecer todas as desigualdades que permanecem em nossa legislação fiscal. Em uma palavra, assegurar ao pobre toda igualdade legal e todo bem-estar que sejam compatíveis com a existência do direito individual à propriedade e a desigualdade de condições que disso decorre. Pois, diria, para terminar, o que nesta questão era honestidade e justiça torna-se necessidade e prudência (*Id., ibid.*, III,2: 734-737).

Os *"Fragmentos por uma política social"* preveem um programa reformista, claramente um verdadeiro alargamento da representação nacional e do sistema eleitoral e a criação de um verdadeiro contrato social:

> Definitivamente, três meios de socorrer o povo:
> Livrá-lo de uma parte das taxas públicas ou, pelo menos, taxá-lo proporcionalmente.
> Colocar ao seu alcance instituições que permitam se recuperar e, então, prescindir de assistência. (*Caridade legal indireta*)

Vir em seu socorro e assisti-lo diretamente em suas necessidades (Tocqueville 1951-2002, III, 2: 742-743).

É preciso baixar as imposições sobre os mais fracos, baixar em primeiro lugar os impostos indiretos sobre os produtos de primeira necessidade, e tornar o imposto proporcional à fortuna do contribuinte. A escolha política fundamental deve ser aumentar o imposto direto e reduzir o imposto indireto, mas ele considera também criar uma política social de assistência generalizada: "[Estabelecer] instituições que sejam particularmente para seu uso, das quais possa se servir para se esclarecer, se enriquecer, tais como caixa de poupança, instituições de crédito, escolas gratuitas, leis restritivas da duração do trabalho, casas de asilo, casas de beneficência, fundos de ajuda mútua" (*Id., ibid.*, III,2: 742-743).

Um abismo separa os operários, proletários, ou em via de proletarização, sem existência política legal, das classes médias que são as únicas que "retiraram da Revolução todo proveito que podiam esperar (Tocqueville 1951-2002, III, 2: 744)"! A necessidade moral torna-se, então, uma urgência política; é imperativo, para evitar graves transtornos, melhorar a situação social dos mais pobres, estender o círculo dos direitos a fim de interessar as classes inferiores à vida política e aos negócios públicos.

É neste momento preciso de sua vida que Tocqueville projeta o programa mais social, o mais à esquerda, de toda a sua carreira, que é igualmente o programa mais avançado de toda esquerda reformista sob a *Monarchie de Juillet*. Mas o governo permanece no imobilismo completo e a oposição inicia a campanha dos Banquetes. Em 1847, Tocqueville julgava urgente reformar; em janeiro de 1948, ele anunciava o surgimento de transtornos revolucionários próximos.

> Dizem que não há nenhum perigo, porque não há motim; dizem que, como não há desordem material na superfície da sociedade, as revoluções estão longe de nós. (...)
> Você não vê que ele se espalha pouco a pouco (no seio das classes ope-

rárias) nas opiniões, nas ideias, que não vão somente derrubar tais leis, tal governo, mas a sociedade, ao minar as bases sobre as quais ela repousa hoje? (...) Você não acredita que, quando tais opiniões se enraízam, elas se estendem de maneira ampla, elas descem profundamente nas massas e devem conduzir, cedo ou tarde, não sei quando, não sei como, mas devem conduzir cedo ou tarde os revolucionários mais terríveis?

Nós adormecemos sobre um vulcão, estou profundamente convencido disso (Tocqueville 1951-2002, III,2: 750-751).

Para Tocqueville, a revolução de 1848 é o resultado direto da política de Louis-Philippe e de Guizot, que recusaram todas as reformas e praticaram uma economia rentista da qual só a burguesia tirava proveito. A máxima de Guizot: "Enriqueça-se pelo trabalho, pela poupança e pela probidade" reduziu a economia à renda, às custas da economia real. Beaumont resume a situação:

No interior, tudo estava por fazer. Era preciso mudar nosso código, liberar nosso comércio, nossa indústria e nossa agricultura, criar instituições municipais e comerciais, revisar o sistema de impostos. (...) Louis-Philippe não queria deixar fazer nada. Se ele tivesse podido impedir, não teríamos a estrada de ferro. Ele não queria deixar terminar a mais importante de todas, a de Marseille. Ele não queria que se tocasse em nossa centralização nem em nosso sistema protecionista monstruoso. (...) Parte destas reações estúpidas foram apoiadas, conscienciosamente, por Guizot, pois, como Thiers, ele ignora os princípios elementares da economia política (*Id.*, *ibid.*, VI,2: 515).

RETORNO PARA UMA SOCIEDADE DE CASTAS, ONTEM E HOJE

O fim da *Monarchie de Juillet* constituía uma primeira forma de retorno para uma sociedade de castas, visto que, Tocqueville ressalta, uma única classe-casta dispunha de todos os poderes políticos e econômicos e que uma única classe tinha usufruído de todos os benefícios da situação durante dezoito anos. Mas, finalmente, este regime não tinha sido senão um parêntese na vida política francesa. Existem, no entanto, muitos riscos de desvios possíveis nas sociedades democráticas: um despotismo, que Tocqueville qualifica como "suave" (Tocqueville 1951-2002, II,1: 4), o que subentende igualmente um despotismo "duro". Todos os grandes desvios teratológicos do século XX apresentam-se sob roupagem democrática e são beneficiados por um largo consenso: "A soberania do povo, uma forma de governo. Elas não são inseparáveis, pois a democracia se arranja melhor com o despotismo do que com a liberdade" (*Id., ibid.*, I, 1: 38).

No desenvolvimento do capitalismo industrial que se institui, os capitães de indústria, os mestres de forjas serão, no novo sistema societal, o que eram os grandes feudais no sistema medieval. Na nova ordem eles são, a seu modo, os melhores – *aristoï* – porque são os mais poderosos e se impõem a um proletariado alienado ao qual a situação que lhe é imposta faz com que percam sua dignidade humana. Um se eleva ao nível mais elevado, o outro se rebaixa à posição do bruto:

> Ao mesmo tempo que a ciência industrial abaixa sem cessar a classe dos operários, ela eleva a dos mestres. (...)
>
> (O mestre e o operário) diferem cada dia mais. Eles se compreendem como dois elos extremos de uma longa cadeia. Cada um ocupa um lugar que é feito para ele e do qual ele não pode sair. Um está numa dependência contínua, estreita e necessária do outro, parece nascido para obedecer, como este para comandar.
>
> O que é isso senão uma aristocracia?
>
> É assim que, quando remontamos à origem, parece vermos a aristocracia sair por um esforço natural do próprio seio da democracia (*Id., ibid.*, I, 2).

Esta análise, redigida em 1839, se apoia obviamente sobre os ensinamentos que a visita a Manchester trouxe a Tocqueville sobre o proletariado das grandes cidades industriais.

Curiosamente, no fim deste capítulo, Tocqueville parece excluir a possibilidade de uma tal perspectiva, cuja gravidade ele colocou em evidência, que põe uma questão maior quanto à natureza e à própria existência da democracia em uma tal eventualidade:

> A aristocracia que funda o negócio não se fixa quase nunca ao meio da

população industrial que dirige; seu propósito não é governá-los, mas se servir deles. (...)

A aristocracia territorial dos séculos passados era obrigada por lei, ou se acreditava obrigada pelos costumes, a socorrer seus servidores e aliviar suas misérias. Mas a aristocracia manufatureira de nossos dias, após ter empobrecido e embrutecido os homens dos quais se serve, os entrega em tempos de crise à caridade pública para nutri-los. Isso resulta naturalmente do que precede. Entre o operário e o mestre, as relações são frequentes, mas não há associação verdadeira.

Penso que, afinal de contas, a aristocracia manufatureira que nós vemos se elevar sob os nossos olhos é uma das mais duras que já apareceu sobre a terra.

Tocqueville não levou sua análise mais adiante; por quê? Por solidariedade de classe?

Por negação? Porque haveria aí, nele mesmo, uma forma de cegueira do vidente? Mais simplesmente, talvez, porque as apostas estavam abertas e os parâmetros muito numerosos para que ele pudesse chegar ao termo de um raciocínio do qual muitas contingências lhe escapavam.

A questão que se põe é a da existência real da democracia real quando as diferenças interindividuais são tão grandes. E, no entanto, a democracia está desenvolvida regularmente na França, por exemplo, na queda do segundo Império, nos anos 1860-1870[4].

"Todos os Homens nascem e permanecem livres e iguais em direitos"; o princípio prevalece sobre a desigualdade de condições, mas se, e somente se, a mobilidade social for garantida. Em Tocqueville, o igualitarismo é fonte de impasse social e econômico enquanto que a mobilidade social é o elemento constitutivo da realidade democrática.

Hoje, ao contrário, os novos dados sobre a existência e a natureza da democracia em uma economia mundializada são muito

---

4 Mas é preciso não esquecer o surgimento da Primeira Guerra Mundial que iria quebrar a ascensão do movimento operário internacional em proveito dos nacionalismos; a democracia subsistiria, certo, mas com uma fisionomia diferente!

mais problemáticos. Enquanto Fukuyama evocava, após a queda do muro de Berlim e do colapso da URSS, o fim da História pela aparição de um consenso generalizado pela escolha de uma democracia fundada sobre o capitalismo liberal, o desenvolvimento dos fatos foi invertido por um destes truques da desrazão pela qual a história é atravessada.

Nos últimos vinte e cinco anos viu-se o desenvolvimento de um estado social democrático (no sentido que Tocqueville dá a este conceito) em numerosos países e, ao mesmo tempo, uma apropriação considerável e generalizada das maiores riquezas em algumas mãos, alguns grupos ou sociedades anônimas sobre os modelos que se assemelham, estranhamente, a uma economia mafiosa generalizada. As reuniões internacionais dos "Grandes" provam com evidência que os homens políticos, mesmo os mais importantes, não dispõem, doravante, senão de um poder mais aparente do que real sobre uma situação na qual eles são marionetes e/ou cumplices: "*o rei está nu*"; quanto à massa dos cidadãos, o poder lhe escapa quase totalmente e são reenviados periodicamente a formas de revoltas que parecem as *jacqueries* medievais; breves Saturnais, que garantem o poder real dos fundos de pensão, paraísos fiscais, grupos anônimos que gerem e controlam os grandes fluxos financeiros de dinheiro limpo como do dinheiro sujo. Gigantesco jogo de risco, jogo de ilusões no qual, com ajuda dos vetores midiáticos, prendem o cidadão em jogos de circo: *panem et circenses*, para um regime político democrático que não é, talvez, senão um engodo!

Referências bibliográficas

BENOÎT Jean-Louis. 2005.Tocqueville un destin paradoxal. Paris, Bayard.
_____. 2013. Tocqueville, Paris, Perrin.
_____. 2004. *Tocqueville moraliste*. Paris : Honoré Champion.
_____. 2004. *Comprendre Tocqueville*. Paris : Armand-Colin/Cursus.
BENOÎT Jean-Louis. 2017. *Dictionnaire Tocqueville*. Paris : Nuvis.
BENOÎT Jean-Louis et KESLASSY Eric. 2005. *Tocqueville, Textes économiques*

Anthologie critique. Paris : Pocket/Agora.

BIGOT DE MOROGUES. 1834. *Du paupérisme, de la mendicité et des moyens d'en prévenir les funestes effets* par le baron. Pari :, Dondé-Dupré.

KESLASSY Éric. 2000. *Le libéralisme de Tocqueville à l'épreuve du paupérisme,* Paris: L'Harmattan.

TOCQUEVILLE, *Œuvres complètes.* 1951-2002.Paris : Gallimard. C'est l'édition de référence de ce travail ; 17 tomes publiés à ce jour, en 29 volumes, désignés par le sigle O.C., le premier chiffre (romain) indique le tome, le second le volume dans le tome.

_____. 1990. *De la démocratie en Amérique.* Paris : Vrin, 2 vol. Édition critique de E. Nolla. Cette édition présente en notes les principales variantes du texte établies à partir des brouillons, esquisses et ébauches conservés à la Beinecke Rare Books and Manuscripts de l'université Yale.

SISMONDE DE SISMONDI, J.C.L. 1971. *Nouveaux príncipes d'économie politique ou de la richesse dans ses rapports avec la population.* Paris: Calman-Levy.

VILLENEUVE-BARGEMONT (vicomte Alban de) 1834. *Économie politique chrétienne, ou Recherches sur la nature et les causes du paupérisme en France et en Europe, et sur le moyen de le soulager et de le prévenir.* Paris: Paulin, 3 volumes.

Democracia e a pobreza em Tocqueville: Os paradoxos da nossa condição

MARTA NUNES DA COSTA

I. O século XIX em perspectiva

Historicamente podemos identificar dois marcos fundamentais nos últimos 250 anos: a Revolução Americana e a Revolução Francesa. Alexis de Tocqueville, francês, aristocrata de nascimento, era um homem de espírito sagaz e incisivo que cedo compreendeu que a mudança que as Revoluções anunciavam não era temporária nem coisa do acaso, mas antes da "Providência" e vinha para ficar. A América tornara-se exemplo da 'democracia', exemplo que merecia ser estudado e analisado cientificamente para daí extrair orientações práticas a serem aplicadas no continente europeu. O poder do exemplo residia no fato de a América ser a encarnação de um fato providencial. O fato providencial era a famosa 'igualdade de condições'. Fato, na medida em que já na Revolução Americana ele se materializa, sendo inclusive uma das condições necessárias para o sucesso da experiência democrática na América; providencial, na medida em que a sua existência não se apresenta como contingente ou aleatória, mas parece tornar evidente o desenvolvimento histórico para o qual todos estamos destinados: o desenvolvimento em direção a uma igualdade cada vez maior entre os seres humanos. Diz o autor que "o gradual desenvolvimento da igualdade é uma realidade providencial. Dessa realidade, tem ele as principais características: é universal, é durável, foge dia a dia à interferência humana; todos os acontecimentos assim como todos os homens servem ao seu desenvolvimento." (Tocqueville, 1998: 3) Como entender essa igualdade?

A igualdade de condições de que Tocqueville fala não é a igualdade material *tout court* embora ela esteja de certa forma implícita. A igualdade de condições significa, por um lado, a inexistência de hierarquias sociais ou da divisão da sociedade em estados (clero, nobreza e povo); por outro lado, a recusa de que tal hierarquia possa voltar a existir. Isso não significa que todos partem da mesma condição material, mas sim que todos têm a possibilidade de ascender socialmente, compreendendo agora essa mobilidade social a partir da acumulação de riqueza pelo trabalho, e não por herança ou condição pré-determinada pelo nascimento.

A Europa do século XIX, porém, deparava-se com um grande desafio: incorporar a nova ideologia da igualdade no sistema das práticas, partindo de uma realidade fortemente marcada por hierarquias e distinções sociais. Para além destas, seria preciso chegar a um posicionamento acerca da questão da pobreza, ou, como Arendt dizia, a "questão social". Com efeito, o desafio desdobra-se em duas tarefas distintas: por outro lado, repensar a relação entre o Estado, as comunidades e os indivíduos; por outro lado, redefinir os sentidos e práticas de democracia a partir das implicações da expansão de direitos e do fim dos valores aristocráticos.

Ao longo das suas obras, Tocqueville procura responder a estas questões, utilizando um método que parece ser mais descritivo e explanatório do que propriamente analítico, porém, ele é claramente o autor que reconfigura radicalmente a tarefa da filosofia política, pelo reposicionamento dos seus objetos. Poderíamos dizer que Tocqueville é o fundador da ciência política contemporânea, mas também o cientista social que, embora metodologicamente distante das práticas do século XX e XXI, compreendeu os desafios que se projetam na consolidação de uma ordem democrática moderna, assim como no seu potencial declínio.

A questão da pobreza não ocupa lugar central na *Democracia da América*. Porém, ela é exemplo dos desafios que a nova condição democrática apresenta e que permanece conosco até hoje. Vale a pena lembrar que a pobreza não era vista, pelo menos não inicialmente, como um *problema*. Pelo contrário, se relembrarmos Hegel nos *Princípios da Filosofia do Direito*, percebemos que a pobreza é sinal de que o novo sistema (capitalista) está funcionando corretamente e como esperado. A pobreza é a consequência necessária, i.e., não acidental, do sucesso do sistema capitalista. Porém, isto desemboca dialeticamente numa contradição: ao mesmo tempo que ela é necessária, é preciso mascará-la ou encontrar soluções pontuais para que não represente uma afronta tão visceral à ideologia da igualdade.

Pouco tempo depois de regressar a França, depois da viagem à América, Tocqueville parte em 1833 para a Inglaterra e apercebe--se de que, ao contrário da sua pátria, conturbada pelos impulsos revolucionários, a expansão da classe média inglesa não se traduzia necessariamente na reivindicação pela perda dos direitos aristocratas, mas sim pelo acesso mais generalizado a eles (Himmelfarb 1997: 2). Porém, o mais interessante foi poder assistir, em primeira mão, às reivindicações dos pobres nas sessões públicas do parlamento.[1] É preciso, brevemente, relembrar o contexto histórico do país.

A Inglaterra havia sido o primeiro país no mundo a criar um sistema de alívio aos pobres, ainda no século XVI, contribuindo para a secularização desse mesmo sistema que antes estava nas mãos da Igreja. No final do século XVIII, devido às guerras napoleónicas e à crise da agricultura, foi estabelecido um auxílio financeiro a todos aqueles que, embora trabalhando, não ganhassem o suficiente para subsistir. Esta política assistencialista, que visava num momento inicial reordenar o 'caos' potencialmente gerado pela miséria, foi institucionalizada de várias formas. Um exemplo são as *workhouses*, que tinham a função de docilizar os corpos (expressão de Foucault) e moldá-los de forma a que as crianças e os excluídos de tornassem bons e produtivos trabalhadores. Dito

---

1 Foi também nesta altura que Tocqueville conhece Nassau Senior, membro da Comissão Real encarregado de escrever um relatório detalhado sobre as leis dos pobres.

por outras palavras, as *workshouses* cumpriam uma tripla função: assistência, educação (corretiva) e treino para o trabalho. Elas promoviam a internalização de uma série de costumes, valores, ideias e novos hábitos, coerentes com o novo modo de produção capitalista. Porém, aquilo que inicialmente visava à recuperação dos marginalizados para que estes pudessem ser absorvidos pelo sistema, se converte num conjunto de problemas sistêmicos para os quais as leis dos pobres não só não criavam solução como representavam o seu exacerbamento: assiste-se a um aumento de pobreza, quebra de salários, aumento dos preços, aumento populacional, entre outros.[2] Assim, em 1833 surge a reivindicação de que se faça uma revisão nessas leis.

Tocqueville escreve inspirado por este contexto, contexto este com o qual o autor se familiariza a partir de contato direto com Nassau Senior, o autor do relatório da lei dos pobres, assim como das leis anteriores, mas também com Lord Radnor, John Bowring e Richard Whately. É na companhia destes que Tocqueville estabelece paralelos entre as teses de Malthus sobre a população, definindo a sua própria posição acerca da pobreza em Inglaterra (Drolet 2003: 50). Contrariando as teses de Malthus (com quem Tocqueville tinha afinidade), Nassau Senior aconselha a reforma (e não abolição) da lei. Esta reforma dependia, por sua vez, da introdução da distinção entre pobres que trabalham e os indigentes que dependem única e exclusivamente da assistência estatal.

Na esteira de Malthus, Tocqueville considera um erro reformar uma lei que está, na sua origem, também errada. Para Malthus, por exemplo, o crescimento da população é proporcional ao crescimento da produção de alimentos e, caso, a população não seja controlada, esta será absolutamente incapaz de criar os próprios

---

2 Porém, estas leis, que visavam auxiliar os pobres e combater a ociosidade geraram uma tensão aparentemente irresolúvel: ao mesmo tempo que queriam representar uma oportunidade de aprendizagem para o trabalho, geravam, não intencionalmente, um aumento dessa mesma ociosidade que criava, por sua vez, um desequilíbrio econômico tendo em conta o aumento progressivo da população. A partir daqui a pobreza torna-se problema sistêmico.

meios de subsistência. Tocqueville partilha não só desta intuição como da crença acerca da probabilidade das conclusões avançadas por Malthus. Só recuperando uma moral coletiva e um sentimento de dever individual baseado na disciplina seria possível reverter uma realidade (de miséria e empobrecimento crescente) já em curso. É com este espírito que o texto 'Memória sobre o pauperismo' deve ser lido, orientado pela questão: deve o princípio assistencialista ser visto como direito, não só na Inglaterra como em qualquer país? Se sim, como justificá-lo? Se não, como resolver o problema original que o princípio buscaria resolver ou, pelo menos, atenuar? Colocado de forma diferente, Tocqueville, em obras anteriores havia demonstrado a desconfiança das promessas democráticas, mas tentou compensá-las com a recuperação de um compromisso vital com a liberdade política. Apesar de neste texto nunca aparecer o conceito de "democracia", a questão levantada relaciona-se diretamente com a questão da *Democracia na América*: como preservar a liberdade num processo de desenvolvimento histórico que parece estar obcecado pela igualdade e que, devido a essa obsessão (ou "gosto depravado" com diz o autor)[3], deixa de ter os meios suficientes para salvaguardar o valor e dignidade humanas?[4]

---

3 Tocqueville diz "Na realidade existe uma paixão masculina [viril] e legítima pela igualdade, que induz os homens a desejarem ser todos fortes e respeitados. Essa paixão tende a elevar os pequenos ao nível dos grandes; mas também se encontra no coração humano um depravado gosto pela igualdade que leva os fracos a desejar atrair os fortes para o seu nível e que reduz os homens a preferir a igualdade na servidão à desigualdade na liberdade" (Tocqueville 1998: 49).

4 Curiosamente, neste breve ensaio sobre o pauperismo, torna-se visível um (aparente) paradoxo: as sociedades mais empobrecidas são as sociedades com menos indigência ou miséria, ao passo que as sociedades mais ricas são as sociedades onde existem mecanismos de assistência social e alívio à pobreza. Hartwell critica Tocqueville, dizendo que este cometeu um erro básico, a saber, que equalizou o pauperismo com o conjunto daqueles que recebem algum tipo de ajuda do Estado, ignorando o fato apresentado por alguns países (como é o caso de Portugal) em que a pobreza era absoluta e generalizada à classe trabalhadora (Tocqueville 1997: V). Além disso, Tocqueville parece não ter considerado o fato de que o crescimento econômico gera uma mudança nas expectativas de qualidade de vida e que essas novas expectativas levam a uma redefinição da fronteira entre quem é e quem não é pobre, quem está e quem não está na pobreza. Esta última crítica, porém, parece-me infundada na medida em que a análise de Tocqueville demonstra a consciência de que o crescimento econômico e o novo paradigma de igualdade de condições levam à busca pro-

II. Analisando o texto

A *Memória sobre o Pauperismo* foi apresentada em 1835 na Sociedade Académica de Cherbourg. O texto é curto e lembra, pelo seu estilo e método de apresentação, os relatórios feitos por Tocqueville e Beaumont sobre a prisão.

Na primeira parte do texto Tocqueville começa por uma descrição da beleza e opulência da sociedade inglesa, contrapondo-a a uma visão mais simples e rudimentar das paisagens de Espanha e Portugal. Diz o autor que, apesar dessa discrepância visual e estética, na Inglaterra, 1/6 da populaçao depende de caridade, enquanto nos outros países a indigência é quase inexistente. Como explicar esta coexistência entre riqueza e opulência por um lado, e miséria, por outro? Esta é a questão.

Para respondê-la, Tocqueville retraça a evolução dos seres humanos, relembrando o *Discurso sobre a origem e os fundamentos da desigualdade entre os homens* de Rousseau, publicado em 1754. A desigualdade, de acordo com Tocqueville, era inexistente na época em que os seres humanos caçavam ou eram nômades; a desigualdade só nasce a partir do momento em que os seres humanos se tornam sedentários, inventam a propriedade e introduzem a distinção de grupos por famílias.[5] A aristocracia é uma consequência desta nova lógica que se consolida progressivamente e se naturaliza, naturalizando com ela a desigualdade entre os homens. Porém, no século XII, não existia ainda o terceiro estado. A população era dividida entre aqueles que possuíam, mas não cultivavam a terra, e aqueles que cultivavam a terra, mas não a possuíam. A terra era critério absoluto a partir do qual as distinções

---

gressiva de conforto, e não apenas de sobrevivência. (Tocqueville 1998: 188); Hartwell, in Tocqueville 1997: V).

5 A aristocracia nasce do contexto da busca por riqueza, poder e outros prazeres materiais. A guerra era uma ameaça à propriedade privada, mas não à organização política em si e 'o espírito de conquista, que havia sido o pai e mãe de todas as aristocracias duradouras, é reforçado e a desigualdade atinge os seus limites extremos.' (Tocqueville 1997: 20).

se faziam; era também condição suficiente para colmatar todas as necessidades. Diz Tocqueville que no paradigma pré-moderno podia haver opulência, busca de prazeres ou riqueza, mas não conforto (Tocqueville 1997: 21). Porém, à medida que o tempo passa os seres humanos passam a adquirir novas necessidades e passam a buscar conforto, visível na roupa ou na casa. À classe que trabalhava e explorava o solo e àquela que vivia da renda adicionamos uma nova classe que se dedica ao comércio:

> O pobre e o rico, cada um na sua esfera, concebe novos prazeres que eram desconhecidos aos seus antepassados. De forma a satisfazer essas novas necessidades, que o cultivo da terra não podia providenciar, uma parte da população abandona o trabalho da agricultura a cada ano, para a indústria (*Id., Ibid.*: 22).

Progressivamente assiste-se ao deslocamento da população dos campos para as cidades. Este deslocamento, que aos olhos de Tocqueville é um "movimento irresistível" (*Id., ibid.*), teve inúmeras consequências, entre as quais o confronto com novas mercadorias que fazem nascer a ideia de conforto e a sua busca.

> A classe industrial que dá tanto ímpeto ao bem estar dos outros é muito mais exposta aos males repentinos e irremediáveis. Na fábrica total das sociedades humanas, considero a classe industrial como tendo recebido de Deus a missão especial e perigosa de assegurar o bem-estar material de todos os outros, pelos seus riscos e perigos. O movimento natural e irresistível da civilização tende continuamente a aumentar o número comparativo desta classe. Cada ano as necessidades multiplicam-se e diversificam-se, e com elas cresce o número dos indivíduos que esperam alcançar maior conforto, trabalhando para satisfazer essas novas necessidades em vez de permanecer ocupados na agricultura (*Id., Ibid.*: 23).

Esta classe comerciante que cria as novas necessidades expõe-se, simultaneamente, a misérias. À medida que o capitalismo se consolida e manifesta o seu sucesso na produção e reprodução de necessidades e produção e reprodução de riqueza correspondente, também surge uma miséria e pauperismo inexistentes no paradigma pré-moderno. As novas necessidades tornam-se hábitos e com o tempo tornam-se tão vitais quanto as necessidades básicas, fazendo com que "entre os vários povos civilizados, a falta de uma multiplicidade de coisas caus[e] pobreza; no estado selvagem a pobreza consiste apenas em não encontrar o que comer" (Tocqueville 1997: 24).

Esta busca incessante por novas necessidades altera progressivamente o padrão de bem-estar e conforto numa sociedade e encontra o seu contraponto no aumento do pauperismo. O desafio define-se: como atenuar os males inevitáveis ao progresso da sociedade democrática?

Uma vez definida a questão, entramos na segunda parte do texto, que começa com uma observação de Tocqueville sobre os dois tipos de caridade: o primeiro que alivia os males dos indivíduos, representado pelo Cristianismo e pela prática concreta, particular, privada de caridade; o segundo que transfere essa tarefa para a sociedade como um todo, representado pela ética protestante e encarnada nas sociedades modernas. Se a primeira é matéria de decisão ou intervenção individual, a segunda é produto de uma escolha da sociedade. É sobre esta última que Tocqueville se vai debruçar.

Uma sociedade em constante desenvolvimento econômico precisa inventar um paralelo desenvolvimento social, o que implica uma escolha, a saber, 'em que tipo de sociedade nos queremos tornar?'. Esta questão torna-se mais urgente quando feita a partir de um confronto com dificuldades ou problemas diretamente derivados do sucesso econômico; num caso mais específico, a pobreza ou miséria extrema denuncia, como disse anteriormente, o sucesso do sistema capitalista. O que fazer com os pobres e/ou miseráveis que, pela sua condição, permanecem necessários ao sistema? A Inglaterra é tomada como exemplo por ser o país europeu que mais bem sistematizou políticas ou teorias de caridade pública a grande escala.[6] Tocqueville introduz neste momento uma reflexão que ao mesmo tempo que é descritiva mantém a sua postura crítica. O autor diz:

> A partir do momento em que os pobres têm um direito absoluto à ajuda da sociedade, e têm uma administração pública organizada para fornecê-la em todos os lugares, pode-se observar, no país protestante, o renascimento imediato e a generalização de todos os abusos que foram por direito denunciados pelos reformistas contra os países católicos (Tocqueville 1997: 27).

Na sequência, Tocqueville diz que os seres humanos têm dois incentivos para trabalhar: a necessidade de viver e o desejo de melhorar as suas condições de vida, embora a maioria trabalhe devido ao primeiro, isto é, à busca de subsistência. Ao introduzir uma lei assistencialista, diz o autor que se destrói o primeiro incentivo, deixando o segundo intacto. O que acontece? Embora a lei tenha sido introduzida com o propósito de colmatar uma urgência imediata, i.e., a sobrevivência, ela se transforma no alívio e com isso no progressivo esquecimento da necessidade de trabalhar para sobreviver. Dito por outras palavras, se a sobrevivência é assegurada pelo subsídio ou assistência do Estado, para quê trabalhar afinal? Note-se que esta questão mantém a sua contemporaneidade: ainda hoje nos deparamos com ela, tentando (re)definir argumentos contra e a favor de políticas e leis assistencialistas.

> O que impede a sociedade de inquirir acerca das causas da necessidade antes de dar assistência? Por que é que o trabalho não foi imposto como condição aos indigentes com condições físicas que pedem piedade pública?

---

6 A caridade pública surge como necessidade a partir do momento em que a Inglaterra (país mais civilizado no qual repousa a responsabilidade de produzir e distribuir bens não só em nível interno mas externo) vê um aumento significativo na transferência ou mudança de ocupação dos indivíduos, a saber, da agricultura para a indústria. A indústria está obviamente mais propensa a flutuações e influências externas, i.e., traz consigo um risco maior para garantir a própria subsistência, embora quando tenha sucesso supere em larga medida as suas necessidades. Mas o que esta mudança ocupacional e espacial gera é um aumento significativo da pobreza que, desde a Rainha Elizabeth, gerou leis específicas para lidar com o problema.

Respondo que algumas leis inglesas usam a ideia destes paliativos, mas eles falharam, e com razão (Tocqueville 1997: 28).

Tocqueville diz que é preciso considerar caso a caso; há casos que mereceriam assistência *se* a causa da sua miséria não fosse autoperpetrada; há outros, porém, que não, caso fossem resultado de escolha deliberada motivada pelo vício. O problema aparentemente irresolúvel coloca-se de outra forma, a saber, como julgar caso a caso? Não só nos deparamos com a dificuldade derivada da exequibilidade (ou não) de tal proposta, tendo em conta que seria preciso que os juízes tivessem "a consciência, o tempo, o talento, os meios" (idem) para se dedicarem a tal empreitada, como também se levanta a dificuldade *meta*, acerca do(s) critérios usados para formular e pronunciar um juízo. Poderíamos acrescentar um terceiro desafio, a saber, caso existissem tais juízes capazes de pronunciar a sentença que atribui ou exclui a possibilidade de auxílio, que implicações derivariam de um exercício de tão "terrível poder"? (*Id., ibid.*: 29).

Estes problemas levantados tornam visíveis as dificuldades derivadas de uma política pública assistencialista ou, neste caso, de leis que visam "combater" a pobreza. Na realidade, a pobreza parece ser o único fato passível de observação, enquanto os motivos ou razões que justificariam a atribuição do benefício permanecem na sombra e, de certa forma, invisíveis. Mesmo que a lei defina que só a pobreza inocente ou injustificada merece auxílio, a prática mostra que *toda* a pobreza estará necessariamente inclusa.

Seguindo este raciocínio, Tocqueville afirma que o trabalho, não o auxílio, deveria ser o objetivo; porém, o autor está bem consciente da dialética trazida pela consolidação do sistema capitalista: em determinadas regiões espaciais identifica-se uma falta de mão de obra, enquanto que em outras a mão de obra oferecida é excedente à procura, contribuindo para que grande percentagem da população caia abaixo do mínimo necessário. Por outro lado, mesmo que fosse possível resolver o problema "oferecendo" postos de trabalho a quem está desempregado, deparar-nos-íamos com o problema de como determinar os próprios salários. Seria essa solução "justa" para com os empregadores que, por causa de uma lei, seriam obrigados a dar trabalho sem necessidade? Tocqueville conclui com uma frase reveladora: "As leis devem ser feitas para os homens e não em termos de um mundo perfeito que não pode ser sustentado pela natureza humana, nem [em termos] de modelos que oferece apenas de forma esporádica" (Tocqueville 1997: 29-30).

A conclusão, segundo Tocqueville, é que ao tornar a caridade um fato legal e permanente, a administração de um Estado acaba criando uma "classe preguiçosa" que vive às custas da classe industrial e trabalhadora:

> [isto] é a consequência inevitável, se não o resultado imediato. Reproduz todos os vícios de um sistema monástico, sem ter os ideais elevados de moralidade e religião que geralmente o acompanhavam. Tal lei é uma semente ruim plantada na estrutura legal. As circunstâncias, tal como na América, podem impedir que a semente se desenvolva depressa, mas não a podem destruir e se a geração presente escapa a sua influência, ela devorará o bem-estar de gerações futuras *(Id., ibid.)*.

Tais sementes degradam a humanidade e comprometem a moral e a prosperidade pública, na medida em que se contrapõem àquilo que há de mais fundamental numa sociedade (agora democrática), a saber, a ideia de "direitos". É pelos direitos que cada um se eleva e se torna igual aos demais; porém, no caso da pobreza, ao conceder direito de auxílio está-se a afirmar categoricamente a desigualdade e, com isso, a colocar os receptores do mesmo num nível de inferioridade. A atribuição de direitos de auxílio aos pobres consiste na legalização da condição de inferioridade e desigualdade e com isso compromete o futuro de qualquer projeto democrático.

III. Algumas reflexões

Parece que Tocqueville oscila entre a constatação da condição democrática que veio para ficar e o reconhecimento da importância de valores que só poderiam ser mantidos se ainda estivéssemos num paradigma aristocrático. Na *Democracia na América* Tocqueville diz-nos que na sociedade aristocrática existiam laços inquebráveis entre os desiguais, por exemplo, entre os senhores nobres e os seus súditos.[7] Esses laços foram cortados e substituídos por uma igualdade formal que encontrou na América suas condições de exequibilidade. Porém, a expansão da pobreza e miséria em Inglaterra faz-nos reconhecer a virtude de uma instituição aristocrática, da caridade. Diz o autor que no contexto em que o senhor aliviava a pobreza de outrem, esse outrem desenvolvia um sentimento de gratidão e com isso estabelecia-se "um laço moral [...] entre duas classes cujos interesses e paixões tantas vezes cons-

---

7 No capítulo V da Terceira parte de *Democracia na América*, intitulado "Como a democracia modifica as relações entre empregado e patrão", Tocqueville diz: "Nas nações aristocráticas, os empregados constituem uma classe particular que não varia mais que a dos patrões. Entre elas não tarda a nascer uma ordem fixa; na primeira como na segunda, logo se vê surgir uma hierarquia, classificações numerosas, camadas distintas e as suas gerações se sucedem sem que se modifiquem as posições. [...] Aqueles cujo destino é obedecer sem dúvida não chegam a entender a glória, a virtude, a honestidade, a honra, da mesma forma que os patrões. Todavia, criaram para si mesmos uma glória, virtudes e uma honestidade de empregados e concebem, se assim posso expressar-me, uma espécie de honra servil. [...] Entre os povos aristocráticos, o pobre se acostuma desde a infância com a ideia de ser mandado. Para todos os lados que volta a olhar vê imediatamente a imagem da hierarquia e o aspecto da obediência. Nos países onde reina a desigualdade permanente de condições, o senhor obtém, pois, facilmente, uma obediência pronta, completa, respeitosa e fácil de seus servidores, porque estes respeitam nele não apenas o patrão, mas a classe dos patrões. [...]" (Tocqueville 1998: 436-437). Porém, esta realidade é absolutamente estranha na América. Aí, 'a igualdade faz do empregado e do patrão seres novos e estabelece entre eles novas relações'. (Tocqueville 1998: 438). Nessas novas relações, 'a imagem confusa e incompleta da igualdade se apresenta ao espirito dos servidores; não chegam a distinguir à primeira vista se é na própria condição de empregados ou fora dela que se encontra essa igualdade à qual têm direito, e se revoltam no fundo do coração contra uma inferioridade à qual eles mesmos se sujeitaram e da qual tiram proveito. Consentem em servir, e têm medo de obedecer; amam as vantagens da servidão, mas de modo nenhum o senhor, ou, melhor dizendo, não estão convencidos de que não devem eles próprios ser senhores, e mostram-se dispostos a considerar aquele que lhes dá ordens como injusto usurpador do seu direito' (Tocqueville 1998: 441).

piram para as separar uma da outra, e embora divididas pelas circunstâncias eram reconciliadas com vontade" (Tocqueville 1997: 31). No contexto democrático, onde todos são iguais e enquanto iguais, detentores de "direitos", isso significa que a gratidão deixa de ter lugar no mapa social e no mapa simbólico. Os pobres, detentores de direitos, continuarão pobres, pois a existência do auxilio perpetuará a sua condição de inferioridade e subjugação, além de que serão acometidos por inveja e desespero, pela consciência do abismo que os separa dos ricos. Esse abismo parece agora insuperável e marcado pela condição de luta de classes.

Sobre as questões inicialmente levantadas, a saber, 'deve o princípio assistencialista ser visto como direito, não só na Inglaterra como em qualquer país? Se sim, como justificá-lo? Se não, como resolver o problema original que o princípio buscaria resolver ou, pelo menos, atenuar?' Elas são respondidas apenas parcialmente. Tocqueville considera que essas leis deveriam ser abolidas na medida em que são injustificadas em dois sentidos: por um lado, na perspectiva do modelo ou contexto social e político do qual partem, marcado pela nova ideologia democrática assente na igualdade de condições (entendida enquanto direitos); por outro lado, na perspectiva das consequências/resultados produzidos e observáveis. Ou seja, Tocqueville recusa as leis dos pobres baseando-se na fundamentação do princípio, i.e., normativo e *meta;* e também naquilo que poderíamos considerar na argumentação utilitarista consequencialista. Nem do ponto de vista dos princípios (morais traduzidos em políticos) nem do ponto de vista consequencialista, seria possível defender tais leis.

A sua recusa evidencia um problema intrínseco ao projeto democrático quando pensado no contexto de produção capitalista: o problema de partir de um paradigma de igualdade de condições e, derivado desse mesmo paradigma, sermos dirigidos a práticas que o subvertem. O princípio motor dessas leis, sugere Tocqueville, é contrário ao modelo político que coloca os "direitos" no seu centro e, também, contrário à ideia de que todos os indivíduos possuem dignidade. Se partimos do paradigma da "igualdade de condições" isso significa que ninguém é, por princípio, hierarquicamente superior a outrem. Todos partilham um quadro conceptual de direitos e deveres. Porém, ao introduzir um direito específico a um grupo (o grupo dos pobres), introduzimos também a formalização e reconhecimento *público* da desigualdade entre grupos ou, por outras palavras, reinventamos as hierarquias e as castas. A consequência é inevitável: por um lado, a erosão do princípio que sustenta o paradigma da "igualdade de condições", a saber, o princípio do esforço individual como condição de ascensão e mobilidade social; por outro lado, suscita-se a revolta e os perigos que essa condição original de igualdade traz, com o desenvolvimento de maus sentimentos, a quebra de laços civis e a própria quebra das condições de liberdade política, já que alguns ficarão naturalmente excluídos do direito e dever de reconstrução social permanente. Assiste-se com isso a um desenvolvimento simultâneo de condições humanas opostas: a civilização passa a coexistir permanentemente com a barbárie, os pobres tornam-se cada vez mais primitivos, contrariando, pela sua existência, os progressos (hipotéticos) de uma civilização e humanidade.

Esta coexistência fica visível teoricamente na forma como a relação entre igualdade e liberdade é deturpada. Sabemos que a igualdade e a liberdade andam juntas. Quando a igualdade se perde, a liberdade fica também comprometida, ou dito de outra forma, quando o direito a ser igual é substituído pelo direito a ser tratado como desigual, nessa troca se perdem os deveres que asseguram a igualdade como prática e a própria liberdade política. No caso dos pobres ela é comprometida no seu sentido mais fundamental, a saber, a liberdade de movimento. Os pobres, receptores de auxílios, estão forçados a permanecer na paróquia à qual "pertencem" e que os "controla". O pobre torna-se dano potencial à comunidade mais ampla; ele tem de ser contido, no sentido literal do termo. Ele passa a representar uma ameaça à segurança da sociedade como um "todo", não só no sentido mais físico e real, na medida em que a sua pobreza pode desencadear comportamentos ilegais como roubo ou outro, mas no sentido simbólico, já que o pobre representa aquilo que o "rico" tem pânico de se tornar. O pobre é o "Outro" que deve ser eliminado do horizonte da visibilidade e confronto quotidianos. É esta intuição que Tocqueville persegue, percebe e identifica bem: a opulência e riqueza de um país, a sua prosperidade tão admirada, esconde um lado doente, perigoso e sombrio que o mantém em cheque permanentemente.

> Estou fortemente convencido de que qualquer sistema administrativo, permanente, regular, cujo objetivo seja colmatar as necessidades dos pobres irá produzir mais misérias do que aquelas que pode curar, irá depravar a população que quer ajudar e prestar conforto, irá, com o tempo, reduzir os ricos e torná-los apenas fazendeiros dos pobres, irá secar as fontes de poupança, irá acabar com a acumulação de capital, irá adiar o desenvolvimento do comércio, irá abalar a indústria e atividades humanas e irá culminar trazendo uma violenta revolução no Estado, quando o número daqueles que recebem auxilio se tornar maior do que aqueles que os dão, e os indigentes, incapazes de tomar dos ricos empobrecidos os meios para responder às suas necessidades, acharão mais fácil retirar-lhes toda a propriedade de uma só vez, do que pedir a sua ajuda (Tocqueville 1997: 37).

Esta passagem é quase premonitória, tal como é a seguinte quando o autor diz que "o movimento progressivo da civilização moderna irá de forma gradual e numa proporção crescente aumentar o número daqueles que serão forçados a voltar-se para a caridade (*Id., ibid.*)". Retomando uma ideia que avancei inicialmente, a propósito de Hegel: se a pobreza é inevitável pois é sinal do sucesso do progresso e consolidação do sistema capitalista, o que fazer? Esta seria a segunda parte da questão à qual Tocqueville não dá resposta definitiva. A caridade institucionalizada é uma atividade e política perigosa porque qualquer remédio é apenas temporário e pontual, contribuindo para o exacerbamento das feridas sociais. Resta-nos a caridade individual. Embora esta seja incapaz de dar conta do desafio que a pobreza generalizada representa, já que ela não tem pretensões nem mesmo capacidade de sistematização e universalidade, ela é a única capaz de contribuir diretamente para a recriação dos laços civis e morais entre classes distintas.

O texto termina com uma série de questões, uma delas a de saber como expandir o papel da caridade privada e reduzir a assistência do Estado. Porém, estas questões ficaram sem resposta e acompanham-nos até hoje. São questões que se prendem com a tarefa de consciencialização dos limites e contradições intrínsecas ao capitalismo, e com a tarefa de imaginar um novo mundo onde a igualdade de condições possa ser concretizada num futuro sem o vício que a acompanha no presente.

Referências bibliográficas

DROLET, Michael. 2003. *Tocqueville, Democracy and Social Reform*. Londres: Palgrave Macmillian.

HIMMELFARB, Gertrude. 1997. in *Alexis de Tocqueville's Memoir on Pauperism*. Londres: Citivas.

ELSER, Jon. 2009. *Alexis de Tocqueville, the First Social Scientist*. Cambridge: Cambridge University Press.

HARTWELL, Max. 1997. in *Alexis de Tocqueville's Memoir on Pauperism*, Londres: Citivas.

TOCQUEVILLE, Alexis de. 1998. *Democracia na América*. São Paulo: Editora Itatiaia Limitada.

_____. 1997. *Memoir on Pauperism*. tradução de Seymour Drescher [1968] com introdução de Gertrude Himmelfard, Londres: Civitas.

Abençoado por Deus e igual por natureza. Tocqueville sobre democracia[1]

KARLFRIEDRICH HERB

Alexis de Tocqueville, já durante sua vida, foi um autor clássico do pensamento político. Os aspectos inovadores e pioneiros de sua "Ciência Política" eram evidentes. John Stuart Mill o celebrou como o primeiro teórico da constituição representativa moderna e elogia a *Democracia na América* como "the first philosophical book ever written on Democracy, as it manifests itself in modern society"(Robbins 2011: 156). Para Royer-Collard, Tocqueville é o Montesquieu do século XIX. Após uma recepção marcada pela fama e pelo esquecimento, Tocqueville se encontra hoje entre os indiscutíveis clássicos do pensamento político. Suas teses sobre o futuro da democracia soam mais atuais do que nunca, nossas indagações são ainda as suas.

I. Da Democracia na América

Em 1835, foi publicado em Paris o primeiro volume de *A Democracia na América*, obra que tornou seu autor subitamente famoso aos 30 anos de idade. Cinco anos antes, Tocqueville partira para os Estados Unidos na companhia de seu amigo Gustave de Beaumont. Sendo ambos juristas, eles viajaram a cargo do governo para estudar o sistema prisional americano. A viagem não é apenas um protesto contra o ambiente familiar e a situação política na França (Jardin 1984). Seu objetivo tem intenções teóricas. As refle-

---

1 Traduzido do alemão por Mônica Marraccini.

xões sobre aqueles nove meses de viagem pelos Estados Unidos deveriam, de fato, revolucionar o mapa e o calendário da história do pensamento político. Os filósofos do século 18 contemplavam a América como uma ilustração do estado de natureza, buscavam ali o passado do velho mundo. Após a revolução de 1789, o olhar dos liberais franceses se dirigiu à Inglaterra com o objetivo de estudar na *Constitution de l'Angleterre* o modelo da república moderna.

Tocqueville agiu de forma diversa: para ele se descortinava um novo horizonte. Com a decadência da nobreza francesa, a unidade formada por aristocracia e democracia na constituição mista inglesa perdeu sua plausibilidade. A verdade sobre a democracia está no novo mundo. A América não é o passado da Europa e sim o seu futuro (Furet 2005). Lá pode ser descoberto o espírito da democracia moderna e sua ascensão inexorável em cultura pura. Aparentemente, Tocqueville já sabe o que o espera na América: ele almeja a confirmação de sua intuição teórica. "Reflito há cerca de dez anos sobre uma parte das coisas que apresento agora", ele constata em 1835. "Eu só me encontrava na América para esclarecer esse ponto. O sistema prisional foi o pretexto que utilizei como passaporte que me permitiu o acesso a todas as partes nos Estados Unidos" (Tocqueville 1951-2002, XIII: 2).

O NOVO HORIZONTE AMERICANO

Tocqueville compreende a América como o protótipo da democracia, ela representa sua evolução natural. Os americanos nasceram livres. Não necessitaram de uma revolução para esmagar velhas hierarquias. Aparentemente nada impede o vagaroso avanço em direção à democracia e à *igualdade de condições. Democracia* significa para Tocqueville mais do que uma forma de Estado. Ele utiliza o conceito no sentido mais amplo imaginável. Democracia descreve duas coisas: de um lado o estado de uma sociedade na qual prevalece a igualdade de condições, de outro a instituição política que se fundamenta na soberania popular.

Ambas são visíveis de forma exemplar nos Estados Unidos.

> Entre os novos objetos que me chamaram a atenção durante minha permanência nos Estados Unidos nenhum me impressionou mais do que a igualdade das condições. Descobri sem custo a influência prodigiosa que exerce esse primeiro fato sobre o andamento da sociedade; ele proporciona ao espírito público certa direção, certo aspecto às leis; aos governantes, novas máximas e hábitos particulares aos governados. (Tocqueville 2014: 7).

Com *A Democracia na América,* Tocqueville se atreve a formular a seguinte tese histórico-filosófica: a civilização moderna encontra-se sob a lei da *égalité des conditions*. Esta tese se revelaria mais tarde verdadeira na reflexão de Tocqueville sobre a história europeia. "O desenvolvimento gradual da igualdade das condições é um fato providencial. Possui suas principais características: é universal, é duradouro, escapa cada dia ao poder humano; todos os acontecimentos, bem como todos os homens, contribuem para ele" (*Id., ibid.*: 11).

Segundo Raymond Aron, dois métodos diversos podem ser distinguidos na sociologia da sociedade americana de Tocqueville que lembram Montesquieu e remetem a Max Weber (Aron 1967). Principalmente o primeiro volume da *Democracia na América* procura compreender as peculiaridades da democracia americana, o particular espírito da nação. O segundo volume relega ao segundo plano o exemplo americano. A questão aqui é a determinação geral do tipo ideal de democracia. Tocqueville compara as sociedades aristocráticas e democráticas. Assim as relações do *Antigo regime* encontram-se sempre presentes. O primeiro volume despertou uma viva atenção de seus contemporâneos, foi considerado um manual clássico da realidade constitucional americana. O segundo volume obteve um sucesso menor, parecendo, para muitos, abstrato e filosófico em demasia. Justamente tais reflexões são, porém, o alicerce da atual reputação de Tocqueville como crítico e analítico da democracia moderna. O otimismo de antes deu lugar a uma percepção cética.

O INEVITÁVEL DESAFIO: A DEMOCRACIA

O primeiro tomo desenvolve uma imagem positiva da vida política dos Estados Unidos. Ele descreve a estrutura e a função das instituições políticas e concebe a fisionomia do homem democrático. Os americanos sabiam adaptar o sistema político às necessidades do estado social democrático. O princípio da soberania popular encontra-se ativo em todos os níveis sociais, desde a união dos estados federais até os municípios. A religião e os costumes restringem as reivindicações descomedidas da esfera política (Gauchet 1980: 43-120; De Briey 2006: 741-761). Associações sociais garantem com sua diversidade e vivacidade a independência da sociedade em relação ao Estado. Tocqueville celebra as *townships* como centros de ensino de liberdade política que unem os indivíduos, a despeito de todos os interesses próprios, à comunidade. Aqui Tocqueville encontra o equilíbrio entre a liberdade antiga e moderna sobre o qual os iluministas e revolucionários europeus debatiam com tanta veemência.

Benjamin Constant havia traçado uma distinção clássica entre a liberdade dos antigos e a liberdade dos modernos, reivindicando liberdade individual e privacidade (Constant 1980). Tocqueville corrige tal unilateralidade, promovendo o equilíbrio entre liberdade negativa e participação política. A liberdade moderna é o direito humano à autonomia e à dignidade, e se completa apenas na liberdade política do cidadão. Se Rousseau sonhava com tal harmonia na *polis* antiga, Tocqueville reconhece na América a síntese institucional de ambas as liberdades. A necessidade democrática de participação é satisfeita através de administração própria local, a exigência liberal de uma liberdade negativa é atendida através da constituição do Estado. O que os franceses liberais, desde Sieyès e Constant até Guizot, tanto buscavam, esse *gouvernement des modernes,* parece tomar forma no novo mundo (Herb 1997: 55-65). A possibilidade da república em um estado territorial moderno se estabelece com *A Democracia na América.*

Ao recusar a noção aristocrática da liberdade como privilégio, Tocqueville afirma a definição democrática da liberdade como expressão histórica da transformação da sociedade moderna pré-revolucionária.

> Segundo a noção moderna, a noção democrática, e ouso dizer a noção justa da liberdade, cada homem, pressupondo ter recebido da natureza as luzes necessárias para se conduzir, traz, quando nasce, um direito igual e imprescritível de viver independente de seus semelhantes, a respeito de tudo que não se relaciona com ele mesmo, e a manejar a maneira pela qual compreende seu próprio destino. (Tocqueville 1991-2004, III).

Diferentemente de Constant e Guizot, Tocqueville sublinha ao mesmo tempo a necessidade de um momento original da liberdade política. Essa nova valorização liberal de participação caminha paralelamente com uma reabilitação da filosofia do *Contrato Social*, que, aos olhos dos liberais franceses anteriores, era uma das causas decisivas do excesso revolucionário. Dessa forma, Tocqueville reintegra a herança de Rousseau no ideário moderno da democracia.

O segundo volume da *Democracia na América*, ao contrário, revela o ceticismo de Tocqueville. Além das descobertas e conquistas da democracia, ele nomeia os riscos e desvios da era democrática. Embora a lei da *igualdade de condições* impeça a aristocracia como sistema político e o consequente retorno ao *Regime* antigo, ela não garante de forma alguma um final positivo e democrático da história. A paixão universal pela igualdade não progride necessariamente na consciência da liberdade. Liberdade ou barbárie, democracia liberal ou despotismo moderno são, para Tocqueville, as alternativas em uma era da igualdade sem garantia da Providência.

> A Providência não criou o gênero humano nem inteiramente independente, nem completamente escravo. É verdade que traça, ao redor de cada homem, um círculo fatal do qual ele não pode sair; mas, dentro dos seus vastos limites, o homem é poderoso e livre; assim também os povos. As na-

ções de hoje em dia não poderiam impedir que em seu seio as condições fossem iguais; mas depende delas que a igualdade as conduza à servidão ou à liberdade, às luzes ou à barbárie, à prosperidade ou às misérias. (Tocqueville 2014: 408: Jasmin 1997: 40).

Tocqueville considera particularmente questionável a tendência das sociedades democráticas ao centralismo administrativo que se revela como uma ameaça latente. A democracia só pode enfrentar tais riscos se seus cidadãos estiverem unidos à comunidade através da participação política. Parece, entretanto, questionável que o homem democrático com seu individualismo (Reis 2006: 115-128) seja capaz ou deseje tal integração. Tocqueville ilumina o lado escuro de uma sociedade civil voltada para seus interesses próprios e para a lógica do mercado. Na inquietação da existência burguesa e na permanente luta pela diferenciação sob as condições de igualdade, o egoísmo esclarecido dos indivíduos não é aparentemente suficiente para atar o laço social. Em meio a uma permanente mobilidade, a sociedade democrática é ameaçada pelo nivelamento e pela paralisação. Tocqueville receia mais o bourgeois, com seu incontrolável afã dos lucros, do que o citoyen, com suas tendências revolucionárias. Na apatia política da burguesia encontra-se a ameaça de um novo governo arbitrário, ou seja, de um suave despotismo da sociedade de massa igualitária.

> "Quero imaginar sob quais traços novos o despotismo poderia produzir-se no mundo: vejo uma multidão incontável de homens semelhantes e iguais que se voltam sem descanso sobre si mesmos à procura de pequenos e vulgares prazeres com os quais preenchem a alma. Cada um deles, retirado à parte, é como que estranho ao destino de todos os outros: seus filhos e seus amigos particulares formam para ele toda a espécie humana; quanto ao restante dos seus concidadãos, está ao lado deles, mas não os vê; ele os toca e não os sente; só existe em si e apenas para si só, e, se lhe resta ainda uma família, pode-se ao menos dizer que não tem mais pátria. Acima destes se eleva um poder imenso e tutelar, que se encarrega sozinho de assegurar seu prazer e velar sobre sua sorte. É absoluto, minucioso, regular, previdente e brando" (Tocqueville 2014: 389)

Enquanto Tocqueville rumina sobre o futuro da democracia, mantendo um olho na América e outro na França, ele cai em melancolia. A autossuficiência da burguesia desperta até mesmo o desejo de uma inquietação revolucionária. Aparentemente até mesmo a era democrática necessita de revoluções. Uma conclusão surpreendente para um liberal de origem nobre: a República na França revela-se incapaz de encerrar a revolução.

II. Democracia na França

Após o precoce sucesso como autor, Tocqueville inicia uma carreira política. Em 1839, ele se torna deputado em Valognes, em 1848 membro da Assembleia Nacional e um pouco mais tarde ministro das relações exteriores sob *Louis Napoleón*. Mas o sucesso político lhe é negado. Decepcionado com a política e desiludido com suas próprias capacidades, ele se dedica novamente a projetos intelectuais. O sociólogo político da democracia americana torna-se o historiador da revolução francesa. Durante dois anos, Tocqueville estuda fontes sobre a sociedade feudal e sobre a revolução. Apresenta os resultados de suas pesquisas em 1856 com *L'Ancien Régime et la Révolution*, avançando mais uma vez à posição de clássico do pensamento político.

REVOLUÇÃO E DEMOCRACIA

Na verdade, Tocqueville nunca foi um historiador em sentido estrito. Ele se interessa menos pela cronologia dos fatos do que pela interpretação do senso histórico da revolução e da lógica ali contida de transformação social. Tocqueville vê a revolução no contexto do desenvolvimento do mundo burguês moderno. Seu tema é o caminho singular dos franceses à democracia. Enquanto a democracia na América toma uma trajetória até certo ponto natural, é a revolução que determina o início da sociedade democrática na França. Tocqueville desconfia, porém, da ideologia revolucionária de uma transformação radical. A sociedade democrática não é um *creatio ex nihilo* como na teoria do contrato de Hobbes e Rousseau. Suas raízes encontram-se, ao contrário, na sociedade do *Ancien Régime*.

Como no caso de *A Democracia na América,* a segunda obra de Tocqueville também testemunha uma intuição que será confirmada por suas pesquisas posteriores. Já em meados da década de trinta, ele se expressa sobre a situação política na França. Em 1836, ele debate no *London and Westminster Review,* de John Stuart Mills, questões sobre *L'état social et politique de la France avant et après 1789.* O curto ensaio antecipa a tese central da futura historiografia da revolução, ou seja, a afirmação de uma continuidade secreta entre a antiga e nova república. Ela destrói a lenda de que a revolução tenha criado uma nova França. Se em 1836 é a decadência da nobreza que se destaca, em *L'Ancien Régime et la Révolution* domina a questão da centralização. Com o intuito de entender a herança revolucionária, o olhar de Tocqueville é capturado pelo *Ancien Régime.* É aqui que tem início a história da revolução; é aqui que já atuam as leis que determinam de forma relevante a nova ordem democrática.

CONTINUIDADE EM TRANSIÇÃO

L'Ancien Régime et la Révolution divide-se em três partes. Os cinco primeiros capítulos fornecem uma análise crítica dos historiadores clássicos da Revolução Francesa desde Madame de Staël, passando por Mignet, Carlyle, Michelet, e chegando até Louis Blanc. Tocqueville destaca o caráter *político* da Revolução. Não obstante suas motivações antirreligiosas, a revolução visa à destruição do feudalismo e o estabelecimento da igualdade social. Só recebeu uma dimensão religiosa através de sua pretensão universal. Afinal com a jovem República deve iniciar-se o calendário democrático.

O segundo livro identifica o principal fator da continuidade secreta entre a era aristocrática e a revolucionária, o crescimento da centralização administrativa e política. O centralismo administrativo que caracteriza a monarquia absolutista durante séculos não é de forma alguma eliminado pela revolução, mas persistentemente mantido. Também o direito de soberania do Estado não é limitado pelo regime revolucionário e sim ampliado. Sob o signo da liberdade, da igualdade e da fraternidade, e invocando a vontade geral do povo, o soberano democrático adquire uma autoridade ainda maior. Robespierre e Napoleão vivem dessa herança absolutista. A busca de Tocqueville pelos *motivos antigos e universais* da revolução reconhece nos monarcas franceses os agentes secretos da democracia e da *igualdade de direitos*. Seu poder crescente mina as hierarquias sociais do *Ancien Régime* e rouba cada vez mais a função política do feudalismo. Nivelamento e democratização já se encontram em tão franco progresso sob o governo monárquico, que Tocqueville reconhece na sociedade francesa, na véspera da revolução, *a nação* verdadeiramente *mais democrática da Europa*. Estado social e regime político encontram-se em discrepância.

Após os aspectos gerais e de longo prazo, Tocqueville examina, no terceiro livro, as causas especiais e recentes da revolução. A questão central é a relação entre a razão e a política na fase tardia do absolutismo. Para Tocqueville, os filósofos não são os protagonistas da revolução; nem Rousseau, nem Voltaire são os responsáveis. Com o intuito de medir a importância política dos intelectuais, Tocqueville empreende uma sociologia de conhecimento do iluminismo. Mais uma vez ele busca as causas para o empenho e a influência da elite intelectual na sociedade aristocrática. Devido à falta de participação política, o público encontra nos *hommes de lettres* importantes porta-vozes. Pouco familiarizado com o cotidiano político, o pensamento permanece abstrato, confrontando a prática do absolutismo com as ambiciosas demandas da república ideal. Como Burke e Constant, Tocqueville descobre nas ideias do iluminismo o poder questionável da abstração (Terestchenko 1992). Embora rejeite uma explicação da revolução por motivos puramente intelectuais, ele acentua a contribuição política da ideologia revolucionária. Continuidade nos relacionamentos e mutação na mentalidade é a fórmula para a dialética da persistência e mudança, que marca a passagem do antigo regime à democracia (Furet 1978).

Muito do que se encontra no *L'Ancien Régime et la Révolution* já aparece no ensaio de 1936, *L'état social et politique de la France avant et après 1789*. No entanto, o trabalho posterior é mais do que um desdobramento da visão inicial. Ele inverte as dependências entre a ordem social e as instituições políticas. Nos escritos dos anos trinta, o aspecto social domina a política. Segundo *A democracia na America*, a sociedade igualitária americana exige a democracia como ordem política. O ensaio de 1836 confirma a constatação também para a França. A sociedade aristocrática leva ao domínio local, a sociedade democrática ao centralismo administrativo. Tocqueville argumenta de forma diversa em 1856: após a experiência da revolução permanente na França, a política torna-se determinante. A posterior historiografia da revolução prospera com a ideia da primazia da política sobre o social.

O legado de Tocqueville documenta que ele, após a publicação de *L'Ancien Régime et la Révolution*, estava trabalhando em uma abrangente história da revolução francesa. Concentrando-se mais uma vez nos últimos anos da sociedade feudal, a intencionada cronologia da revolução acaba sendo negligenciada. O pensamento de Tocqueville gira em torno de questões básicas, sobre as quais os historiadores refletem até hoje. A revolução de 1789 é fruto do iluminismo sob as condições do absolutismo? Ou ela marca a ruptura completa com o velho mundo? Seja reflexão filosófica ou discurso revolucionário, para Tocqueville trata-se de um único espetáculo. 1789 permanece, entretanto, o ano do mágico evento. É um ato de graça que a liberdade entre na arena política. Deus preparou o coração dos franceses e deu-lhes o *sublime sabor da liberdade*. A revolução revela-se mais uma vez como um mistério. "Independente de tudo que possa ser explicado sobre a revolução francesa, sempre há algo em seu espírito e em suas ações que não pode ser explicado" (Tocqueville 1951-2002: XIII, 2, 337).

III. Democracia hoje

A leitura toquevilliana da revolução surte, ela mesma, um efeito revolucionário. Apesar de todo o reconhecimento, não lhe poupam críticas. Não apenas o caráter fragmentário e a divisão desequilibrada de *L'Ancien Régime et la Révolution* são comentados negativamente. O desinteresse na história do absolutismo e a adoção de uma periodização 'de segunda mão' são igualmente objetos de crítica. Além disso, Tocqueville é acusado de deixar passar em silêncio fenômenos decisivos como, por exemplo, a relação entre a revolução e a política externa ou a empiria do centralismo administrativo. As condições econômicas da transformação social são mencionadas apenas de passagem. Ao contrário da posterior tese de Hannah Arendt, a revolução francesa não é uma revolução da pobreza, e sim da esperança. Chamam a atenção também os pontos cegos na exposição de eventos e princípios da revolução. São negligenciados tanto o terror de 1793, como a declaração dos direitos humanos.

TOCQUEVILLE: O PASSADO

A recepção de clássicos obedece a certas leis: ela oscila entre a fama e o ostracismo. No caso de Tocqueville, essa tese é especialmente válida. Suas obras sobre a democracia na América e a revolução na França parecem garantir-lhe um lugar no panteão intelectual da república. Seus contemporâneos lhe dão crédito como analista e mais ainda como crítico e profeta da democracia, assim como cronista da trajetória francesa em direção à idade moderna. Nos mundos velho e novo, ele é apreciado principalmente por sua exposição da democracia americana de 1835. A América se reconhece ali, e para a Europa ela é um guia de viagens político de confiança. Mas a glória desvanece. A Terceira República francesa relega o legado de Tocqueville ao esquecimento. As novas disciplinas sociologia e ciência política só se referem à sua obra visando uma delimitação. Ela é classificada como pertencente aos primórdios do positivismo científico, não encontra eco durante décadas. A renascença de Tocqueville só se inicia após a Segunda Guerra Mundial. Na França, ela segue o ritmo de seus escritos (Mélonio 1993). Raymond Aron (1967) torna o primeiro volume de *A Democracia na América* popular. No foco do interesse está o teórico das instituições democráticas. Nos anos 60, sociólogos e filósofos leem o Tocqueville de 1840. Eles se inspiram em sua crítica à democracia, descobrem em sua descrição da sociedade feudal e democrática o *Homo hierarchicus* (Dumont 1966) e o *Homo aequalis* (Dumont 1977). Nos anos oitenta, prevalece, finalmente, o historiador Tocqueville. A revisão liberal da historiografia da revolução recebe impulsos decisivos de *L'Ancien Régime et la Révolution* (Furet 1978;1986).

Para além do Reno, na Alemanha vizinha, a recepção revela semelhanças (Eschenburg 1959, II: 489-452; Herb 2005: 146-161). Depois de uma euforia inicial, a obra cai, também aí, igualmente em esquecimento. A acolhida enfática de Wilhelm Dithey no início do século constitui, na verdade, uma exceção. *La Démocratie en Amerique* é traduzida logo após sua publicação e recebe várias críticas. A tese do futuro democrático da Europa é provocadora, atrai admiradores fervorosos e críticos resolutos. A análise de Tocqueville é encorajadora para democratas e liberais que consideram a América um exemplo para a transformação da Europa. Leitores conservadores indagam, ao contrário, como é possível conter tal desenvolvimento. Jakob Burckardt compartilha a previsão da inevitável ascensão da democracia, receia ver ali o fim da humanidade (Ghelardi 2007). Tocqueville enxerga tais perigos, busca, porém, a salvação. Não há uma alternativa séria para a liberdade democrática.

TOCQUEVILLE: O PRESENTE

Felizmente já se passou o tempo em que a previsão de Tocqueville de uma concorrência entre a América e a Rússia era uma evidência de sua atualidade. Nesse meio-tempo, essa constelação histórica mundial já se tornou ela mesma história. O triunfo da democracia reacendeu a discussão sobre seus fundamentos e requisitos. A revolução está realmente concluída com o Estado de direito moderno e sua garantia dos direitos humanos? (Furet 1995). A democracia conduz seus cidadãos ao fim da história? (Kojève 1947; Fukuyama 1992). O sistema democrático pode existir somente com suas origens e garantias estrangeiras? (Taylor 1992). Quem se ocupa dessas questões, encontra em Tocqueville um interlocutor competente. Como quase nenhum outro pensador do século XIX, ele reconhece a ambivalência da democracia. Ele não compartilha nem a ilusão de Guizot do domínio definitivo da burguesia, nem a esperança de Marx de uma ditadura provisória do proletariado. Segundo Rosanvallon, "não se deve procurar a ruptura com Guizot na fundação da Terceira República. É o aparecimento dos partidos políticos de classe, nos anos 1890, que fecha definitivamente o Momento Guizot e inaugura a entrada num novo sistema de representação do político e do social. A ilusão de uma paz das classes realizada pelo sufrágio universal desmorona nesse período" (Rsanvallon 1985: 370). Tocqueville confronta a confiança inabalável de Constant na história da igualdade com sua cética visão do futuro democrático. Apesar de seu julgamento por vezes assaz crítico, ele não duvida jamais da legitimidade da democracia moderna.

É questionável se Tocqueville já pressente o perigo do totalitarismo atrás do *doce despotismo* da sociedade de massa, preparando assim o caminho para autores como Hannah Arendt (1985). Foi possível, entretanto, demonstrar que o domínio totalitário só pode surgir sob *igualdade de condições*. A patologia da idade moderna de Tocqueville torna simultaneamente transparente as condições de vida da sociedade democrática. Ele está presente no atual debate entre liberalismo e comunitarismo. Declarando a liberdade individual como o maior valor político republicano, ele se posiciona ao lado do liberalismo moderno.

Ele reconhece, porém, também as duas faces de Jano do individualismo moderno. A *falta de abrigo* do homem democrático já é um tema seu. Já tem consciência, portanto, da grande importância de uma prática política comum e de um *"ethos* da cidadania."[2] Teria compartilhado o desejo do comunitarismo de cidadania e de uma democracia consolidada. Não é por acaso que o inventário comunitarista da sociedade americana dos anos 80 lembra Tocqueville: *les habitudes du coeur* (Bellah 1985).

Tocqueville havia partido para a América para estudar os hábitos dos corações democráticos. O novo mundo lhe permaneceu tão estranho quanto o velho. Não compartilhou a paixão democrática pelo futuro. Conhecia a democracia bem demais para confiar em suas promessas.

Referências bibliográficas

ANTOINE, Agnès. 2003. *L'impensé de la démocratie: Tocqueville, la citoyenneté et la religion*. Paris: Fayard.
ARENDT, Hannah. 1951. *The Origins of Totalitarianism*. New York: Schocken Books.
ARON, Raymond. 1965. *Démocratie et totalitarisme*. Paris: Gallimard.
____. *Les Etapes de la pensée sociologique*. Paris: Gallimard, 1967.
____. 1960 Idées politiques et vision historique de Tocqueville, in: *Revue Française de Science Politique*, 1960, 10 (3) : 509-526.
BELLAH, Robert N. et al. 1985.. *Habits of the Heart: Individualism and Commitment in American Life*. Berkeley: University of California Press.

---

2 Refiro-me aqui a uma expressão frequentemente utilizada no grupo de trabalho, coordenado por Marilde de Menezes e Paulo Cesar Nascimento – um grupo que procura investigar, no contexto brasileiro, as "dimensões históricas e culturais", bem como o "novo ethos da cidadania contemporânea". (http://www.cives.unb.br/linhas-de-pesquisa/3-dimensoes-historicas-e-culturais-o-novo-ethos-da-cidadania-contemporanea)

CONSTANT, Benjamin. 1980. *De la liberté chez les modernes: Ecrits politiques.* Organizado por Marcel Gauchet. Paris: Le livre de poche.

DE BRIEY, Laurent. 2006. Démocratie, religion et pluralisme: de Tocqueville à Gauchet et retour. In: *Revue Philosophique de Louvain.* Année 104, 2006: 741-761.

DRESCHER, Seymour. 1964. Tocquevilles Two Démocraties, in: *Journal of the History of Ideas,* 1964 (1), 25 (2): 201-216.

DUMONT, Louis. 1966. *Homo hierarchicus*: Le Système des castes et ses implications. Paris: Gallimard.

____. 1977. *Homo aequalis*: genèse et épanouissement de l'idéologie économique. Paris: Gallimard.

ESCHENBURG, Theodor. 1959. *Tocquevilles Wirkung in Deutschland.* In: *Alexis de Tocqueville: Über die Demokratie in Amerika.* Jacob P. Mayer (Org.). Stuttgart: Deutsche Verlags-Anstalt, 1959, II: 489-562.

FUKUYAMA, Francis. 1992. *The End of History and the Last Man.* New York: Free Press.

FURET, François. O sistema conceptual da Democracia na América (Prefácio). In: Tocqueville, Alexis de. 2014. *A Democracia na América: leis e costumes de certas leis e certos costumes políticos que foram naturalmente sugeridos aos americanos por seu estado social democrático.* Tradução de Eduardo Brandão. 2ª Ed. São Paulo: Martins Fontes.

____. 1978. *Penser la Révolution française.* Paris: Gallimard.

____. 1995. *Le Passé d'une illusion.* Essai sur l'idée communiste au XXe siècle. Paris: Calmann-Lévy / Robert Laffont.

GAUCHET, Marcel. 1980. Tocqueville, l'Amérique et nous. In: *Libre* 7 (1980): 143-120.

GHELARDI, Maurizio. 2007. Kultur-Nachsommer-Gefühl: Burckhardt und Tocqueville. In: Breitenstein, Urs et al.. *Unerschöpflichkeit der Quellen*: Burckhardt neu ediert – Burckhardt neu entdeckt. Basel/München: Schwabe Basel.

GUELLEC, Laurence. 1996. *Tocqueville: L'apprentissage de la liberté*, Paris: Michalon.

HERB, Karlfriedrich. 1997. A ambiguidade da cidadania moderna. O caso do contratualismo. In: *Philósophos*: Revista de Filosofia. Volume 2. Goiânia: UFG, 1997: 55-65.

HERB, Karlfriedrich; HIDALGO, Oliver. 2005. *Alexis de Tocqueville.* Frankfurt, New York: Campus Verlag.

JARDIN, Andre. 1984. *Alexis de Tocqueville*: 1805-1859. Paris: Hachette.

JASMIN, Marcelo. 1997. Tocqueville, A providência e a história. In: *Dados* 40. Rio de Janeiro.

____. 2005. Alexis de Tocqueville. *A historiografia como ciência da política,* Belo Horizonte: UFMG, Rio de Janeiro: IUPERJ.

JAUME, Lucien. 2006. Le "coeur démocratique" selon Tocqueville, in: *The Tocqueville Revue,* 2006, 27 (2): 35-44.

KAHAN, Alan S. 2015. *Tocquevillle, Democracy, and Religion: Checks and Balances for Democratic Souls*. Oxford: Oxford University Press.

KOJEVE, Alexandre. 1947. *Introduction à la lecture de Hegel. Leçons sur la Phénomenologie de l'Espirit*. Paris: Gallimard.

LAMBERTI, Jean-Claude: Two Ways of Conceiving the Republic, in: Masugi, Ken. 1991. *Interpreting Tocqueville's Democracy in America*. Savage (MD): Rowman and Littlefield 1991: 3-26.

MANSFIELD, Harvey C.; WINTHROP, Delba. 2001. What Tocqueville says to Liberals and Conservatives today, in: *Perspectives on Political Science*, 2001, 30 (4): 203-205,

Mélonio, Françoise. 1993. *Tocqueville et les Français*. Paris: Aubier.

RAHE, Paul A. 2009. *Soft Despotism, Democracy's Drift: Montesquieu, Rousseau, Tocqueville and the Modern Prospect*. New Haven/London: Yale University Press.

REIS, Helena Esser dos. 2002. *A liberdade do cidadão: Uma análise do pensamento ético-político de Alexis de Tocqueville*. Tese de doutorado.São Paulo.

_____. 2006. Virtudes e vícios da democracia. In: *Philósophos*: Revista de Filosofia, Volume 11, Goiânia: UFG, 2006: 115-128.

RIESMAN, David. 1955. *The lonely crowd: a study of the changing American Character*, New York: Dobleday Anchor.

ROBBINS, Jeffrey W. 2011. *Radical Democracy and Political Theology*. New York: Columbia University Press.

ROSANVALLON, Pierre. 1985. *Le Moment Guizot*. Paris: Gallimard.

TAYLOR, Charles. 1992. *The Ethics of Authenticity*. Cambridge: Harvard University Press.

TERESTCHENKO, Michel. 1992. *Enjeux de philosophie politique moderne: Les violences de l'abstraction*. Paris: Presses Universitaires de France.

TOCQUEVILLE, Alexis de. 2014. *A Democracia na América: leis e costumes de certas leis e certos costumes políticos que foram naturalmente sugeridos aos americanos por seu estado social democrático*. Tradução de Eduardo Brandão. 2ª Ed. São Paulo: Martins Fontes.

_____. 1951-2002. *Œuvres complètes, papiers et correspondances.*, 26 vol., Paris: Ed. Mayer, Jacob-Peter.

_____. 1991-2004. *Œuvres*. (Ed. Jardin, André), 3 vol., Paris: Bibliothèque de la Pléiade.

VIANNA, Werneck Luiz. 1993.: Lições da América. O problema do americanismo em Tocqueville. Lua Nova, 1993, vol. 30: 159-193.

1835-1840 ou como a economia influencia o segundo volume de *A Democracia na América*[1]

ERIC KESLASSY

A Democracia na América é uma obra publicada em dois tomos: o primeiro em 1835, o segundo em 1840. Os comentadores da obra de Tocqueville geralmente se esforçam para mostrar a coerência do conjunto. Contudo, ocultam a dimensão tomada pela economia no pensamento de Alexis de Tocqueville (1805-1859) entre 1835 e 1840. Sem levar em conta o fato que Tocqueville está muito interessado em economia neste período, é difícil entender a importância dada à aparição de certas temáticas no segundo tomo de *A Democracia na América* (1840), em particular o avanço irremediável do capitalismo industrial nos tempos democráticos. É especialmente a segunda viagem à Inglaterra, que Tocqueville realiza em 1835 após o lançamento da primeira parte de *A Democracia na América*, que torna o pauperismo incontornável no pensamento do autor: entrando nas fábricas inglesas, o que ele não tinha feito na América nem quando de sua primeira viagem à Inglaterra em 1833, Tocqueville toma consciência da importância que o mundo industrial ganha na sociedade moderna. Mais ainda, isso o conduz a modificar sua concepção, apesar de afirmada com força desde a introdução do primeiro tomo de *A Democracia na América*, da perenidade do fato democrático: enquanto a marcha da democracia é apresentada como irresistível em 1835, a percepção do futuro é claramente menos otimista em 1840. Ideia frequentemente subesti-

---

1 Tradução de Helena Esser dos Reis e revisão de Céline Marie Agnès Clément.

mada, Tocqueville pensa que a democracia é posta em perigo pela industrialização que acompanha inevitavelmente seus avanços. Seu melhor conhecimento do pauperismo o obriga a reconsiderar sua posição: se o "estado social" democrático se estende apoiando-se sobre o progresso da igualdade de condições, o mundo industrial está excluído visto que ele é o lugar de crescimento das desigualdades. Assim, a democracia está ameaçada por uma exceção perigosa que, circunstância agravante, tende a se propagar. As páginas extremamente poderosas da segunda *Democracia* nas quais Tocqueville explica, com gravidade, "como a aristocracia poderia sair da democracia" demonstram quanto nosso autor sentiu a necessidade de integrar ao seu raciocínio sua mais importante percepção da questão social e suas observações inglesas.

O objeto deste artigo é, então, mostrar quanto o período que se estende de 1835 a 1840 é fundamental no pensamento de Tocqueville.

* * *

Publicado em janeiro de 1835, o primeiro tomo de *A Democracia na América* é um verdadeiro sucesso comercial. Inesperado: vendeu-se perto de 9000 exemplares em 4 anos e em 1839 houve a publicação de uma sétima edição. O sucesso de vendas é tanto mais surpreendente porque, a despeito da publicação do *Sistema penitenciário* dois anos antes, Tocqueville é um autor quase desconhecido. Além disso, ele jamais participou da vida política que pode permitir a um publicista sair da obscuridade. O fato de esta obra ter alcançado grande público é frequentemente atribuído às suas características próprias: as informações são concretas, as referências são conscienciosas, e, sobretudo, é o retrato da América que está pintado. Os elogios recebidos pelo livro, quando de sua publicação, contribuíram igualmente.

Aos 30 anos, Tocqueville é célebre. Sua obra lhe traz grande consideração: admissão à Academia de Ciências Morais e Políticas em 1838; após um fracasso em 1837, eleição ao posto de deputado de Valognes em 1839. Todavia, Tocqueville não teve êxito em tudo o que realizou e fracassou na sua tentativa de se eleger para a Academia francesa. Isso lhe deu nova motivação para escrever a sequência de sua obra[2].

Ele manifesta muito rapidamente a vontade. Mas, precisará cinco anos para publicar a segunda parte de *A Democracia na América*. Entre 1835 e 1840, há inúmeras dificuldades para que o projeto da publicação avance e, isso, por razões muito diversas. Suas frequentes mudanças de humor, certo embaraço para circunscrever seu objeto[3], a vontade de não precipitar as coisas depois do êxito de 1835, o falecimento de sua mãe em 1836[4], seu casamento no mesmo ano com a plebeia inglesa Mary Mottley, suas participações nas eleições legislativas de 1837 e de 1839 são alguns fatores que contribuíram para dificultar o parto do segundo volume. Restam outras explicações. Em primeiro lugar, Tocqueville publica três textos importantes neste período: desde 1835, há o *Ensaio sobre o pauperismo*; em seguida, em 1836, *O Estado social e político da França antes e após 1789*, este artigo foi encomendado por John Stuart Mill para sua *London and Westminster Review*[5] e que prefigura *O Antigo Regime e a Revolução*; enfim, em 1837, são as "Duas Cartas sobre a Argélia" publicadas em *La Presse de Seine-et-Oise*. Mas, do nosso ponto de vista, a razão decisiva que pode explicar a lentidão com a qual To-

---

2 Escrevendo a segunda parte de *A Democracia na América*, Tocqueville tem, seguramente, a ambição de perpetuar sua posteridade. Ele visa, com isso, abrir as portas da Academia francesa, pois alguns membros consideram que é preciso publicar mais de dois livros para pretender juntar-se a eles.

3 Em uma carta datada de 21 de novembro de 1836, destinada a Henry Reeve (1813-18895), Tocqueville confessa suas dificuldades: « Eu jamais teria imaginado que um objeto ao qual já retornei de tantos modos, pudesse se apresentar a mim sob tantas facetas novas" (O.C., VI, p. 60)

4 É então que ele recebe como herança o castelo de Tocqueville e o título de conde que ele se recusa a usar.

5 John Stuart Mill (186-1873) tinha admirado o primeiro tomo de *A democracia na América* e fez um relato elogioso. Tocqueville o tinha, igualmente, em grande estima.

cqueville redige a segunda *Democracia* deve, primeiramente, ser encontrada nas descobertas efetuadas durante a segunda viagem à Inglaterra. Realizada a partir de abril de 1835[6] e prosseguindo pela Irlanda durante o verão[7], a temporada é realmente rica de ensinamentos para nosso autor.

De início, Tocqueville encontrou aí a confirmação de uma ideia que paira na primeira *Democracia*. Apoiando-se sobre numerosos exemplos, dos quais evidentemente a Inglaterra e a América, nosso autor salienta a ligação que existe, a seus olhos, entre o comércio e a liberdade[8]. Mas, contrariamente a Montesquieu, ele "pensa que são, sobretudo, o espírito e os hábitos da liberdade que desenvolvem o espírito e os hábitos do comércio"[9]. Assim, não é comércio que conduz os povos para a liberdade, mas a liberdade que permite ao comércio se desenvolver. A liberdade política não pode ser fabricada artificialmente graças à prosperidade comercial. As nações ricas são, então, antes de tudo nações livres: "eu não vejo nenhum povo manufatureiro e sobretudo comerciante que não tenha sido livre."[10] A liberdade conduz à prosperidade. Para todos?

Tocqueville jamais pensou que uma sociedade, mesmo democrática, poderia reduzir completamente a pobreza, visto que a primeira parte de *A Democracia na América* afirma que "não descobrimos até aqui a forma política que favoreça igualmente o desenvolvimento e prosperidade de todas as classes que compõem a sociedade. (...) A vantagem real da democracia não é, como dissemos, favorecer a propriedade de todos, mas somente de servir ao bem-estar da maioria."[11] Por conseguinte, o que nosso investi-

---

6 Tocqueville e Beaumont chegam à Inglaterra, em Londres, em 23 de abril de 1835.

7 Após chegar à Irlanda com Beaumont, em 6 de julho de 1835, Tocqueville a deixa sozinho no 16 de agosto do mesmo ano. Beaumont prefere partir no 13 para a Escócia.

8 « Liberté, Commerce », 7 juillet 1835, Dublin, *Oeuvres*, I, p. 513-514.

9 *Oeuvres*, I, p. 513.

10 *Oeuvres*, I, p. 513.

11 O.C., I, 1, p. 243.

gador pode esperar viajando, em 1835, por uma Inglaterra mais avançada na via da industrialização do que naquela da democratização? Tocqueville sabe perfeitamente que vai encontrar o pauperismo. Subestimando sua amplidão e seus estragos, ele não mede a qual ponto isso vai marcá-lo.

A viagem à Inglaterra em 1835 é, então, a ocasião de uma confrontação direta com a miséria de massa e permanente ligada ao crescimento do capitalismo industrial. Ele tinha apenas se aproximado dela durante a rápida temporada de 1833; esta miséria, produzindo de início reflexões que seguem a opinião corrente da época, escreve da mesma forma à sua mãe que o pauperismo é uma ferida oculta que representa o outro lado de seus progressos sobre o plano econômico: "a porção da Inglaterra que eu percorri até agora não tem nada de pitoresco; mas me vês aturdido pela excessiva riqueza que lá se observa. São parques, casas de campo, serviçais, lacaios, cavalos, luxo universal que, frequentemente, cobrem a miséria, ou, pelo menos, a ocultam maravilhosamente aos olhos do estrangeiro."[12] Um mês mais tarde, no fim de sua temporada em 1833, Tocqueville explica em suas "últimas impressões da Inglaterra" que as misérias são reais: "o estado dos pobres é a ferida mais profunda da Inglaterra"[13].

A primeira temporada na Inglaterra permite, mesmo assim, que Tocqueville tenha encontros com economistas, entre os quais Nassau Senior, e com personagens políticas influentes como Lord Radnor. Ele trata, com eles, das devastações do pauperismo no momento em que a questão da caridade legal, baseada no imposto dos pobres, está no centro dos debates intelectuais e legislativos ingleses. Aliás, ele assiste, com Lord Radnor, a uma sessão de justiça de paz que lhe confirma os estragos da caridade legal sobre a moral dos indigentes. A degradação dos costumes do povo inglês

---

12 Carta redigida em Southampton, na data de 7 de agosto de 1833, O.C., XIV, p. 172.

13 7 de setembro de 1833, *Oeuvres*. I. P. 455.

é confirmada por seu anfitrião em uma conversa que lhe permite comentar as observações feitas na sessão da justiça de paz.

A viagem de 1833 permite que Tocqueville se introduza no meio liberal inglês e esboce reflexões que serão aprofundadas na temporada de 1835. Como ele privilegia encontros com pessoas de sua classe social, a aristocracia que continua a dominar a estrutura social inglesa, ele volta a refletir sobre a divisão da propriedade da terra: "Assim, eu ainda não encontrei um inglês que pareça compreender que se pode fazer uma lei de sucessão para dividir as propriedades, tanto a desigualdade das fortunas parece natural e aceita pelos costumes."[14] Tocqueville começa a considerar o tema como um elemento explicativo do pauperismo:

> O número de pobres aumenta aqui em uma progressão assustadora, o que deve ser atribuído em parte aos vícios da lei, mas a causa primeira e permanente do mal se encontra, penso, na extrema indivisão da propriedade da terra. Na Inglaterra o número de proprietários tende antes a diminuir do que a crescer, e o número de proletários, ao contrário, aumenta sem cessar com a população.[15]

Mais do que na lei sobre os pobres, à qual Tocqueville faz alusão, o surgimento da indigência coletiva provém, a princípio, segundo ele, da manutenção das grandes propriedades.

Ao contrário dos economistas liberais, Tocqueville lastima que a indústria tome o lugar da agricultura que é origem de numerosos benefícios com a divisão da propriedade da terra: elemento de estabilidade política e de pacificação social, permite responsabilizar as classes inferiores. É como homem político que ele se posiciona sobre o plano econômico e social lastimando que "o pensamento da partilha das terras, mesmo gradual e sucessivo, não está de nenhum modo presente na imaginação do público."[16] Nosso au-

---

14 *Oeuvres*, I, p. 436-437.

15 *Oeuvres*, I, p. 455.

16 *Oeuvres*, I, p. 456.

tor considera a divisão da propriedade da terra, ao mesmo tempo, como um movimento resultante dos instintos democráticos e como um elemento de estabilidade democrática. A opinião geral em favor da grande propriedade na Inglaterra lhe parece uma prova da persistência das ideias aristocráticas. No quadro da democratização da sociedade que está acontecendo, tal opinião lhe parece, além disso, apresentar um perigo de "revolução violenta". O que torna esta última "possível", ainda que "não provável", é que os ingleses "parecem ainda convencidos que a desigualdade extrema de fortunas é da ordem natural das coisas."[17] Com efeito, o contraste flagrante dos níveis de vida, tornando-se a cada dia mais insuportável, poderia levar as classes populares a derrubar a aristocracia inglesa. Nosso autor toma suas distâncias com a corrente liberal da época: para ele, as desigualdades não são nem naturais, nem inelutáveis. Elas não são, tampouco, desejáveis ou necessárias. É preciso inventar métodos para lutar contra as fortes disparidades econômicas e sociais, pois estas podem provocar um questionamento da ordem social e política. É nesta perspectiva que ele escreve que a aristocracia inglesa encontrará uma solução na sua capacidade "de dar, como outrora, a prosperidade às classes inferiores. Para que o homem do povo se satisfaça em uma esfera da qual é quase impossível sair, é preciso que ele esteja quase bem."[18] Os pobres vivem ao lado de um mundo opulento, sem poder atingi-lo, o que lhes ocasiona grande irritação e favorece a extensão do pauperismo...

Em 1833, além da indivisão da propriedade da terra, ele já considera outra explicação determinante da miséria de massa: a insatisfação.

> A experiência prova que as necessidades fictícias se tornam quase tão imperiosas nos homens quanto as necessidades naturais. Disso decorre que

---

17 *Oeuvres*, I, p. 456.

18 *Oeuvres*, I, p. 442-443.

muitas pessoas se matam por males que parecem imaginários aos seus vizinhos. Assim como para o povo inglês a falta de certas superfluidades, às quais um longo uso o acostumou, é tão penosa quanto a falta de vestimentas ou alimentos para um russo. Ele desenvolve em si mesmo um sentimento de irritação e de impaciência pelo menos comparável.[19]

A insatisfação constitui um elemento capital do sistema econômico e social que está se estabelecendo... No geral, em 1833, Tocqueville tem ainda uma visão parcial do pauperismo, posto que ele atravessou a Inglaterra agrícola e ignorou os centros industriais[20]. Ao contrário, em 1835, ele entra no mundo industrial inglês...

Por isso, durante sua segunda viagem à Inglaterra – que se prolonga por uma visita à Irlanda –, Tocqueville penetra nas fábricas e observa as classes inferiores inglesas. As notas que transcrevem o espetáculo que lhe é mostrado revelam quanto ele toma, doravante, a medida das destruições deste flagelo social dos tempos modernos que é o pauperismo. A viagem à Inglaterra e Irlanda, em 1835, marca uma reviravolta decisiva na visão de mundo de Tocqueville.

A temporada de 1835 é muito mais longa do que a precedente (quatro meses contra apenas um em 1833). Tocqueville busca também melhor documentar-se estudando livros, revistas, estatísticas e inquéritos parlamentares que ele encontra facilmente graças a sua nova situação. Ele encontra Nassau Sênior e Lord Radnor e, ainda, numerosos interlocutores que são novas fontes sobre a sociedade inglesa. Mas, mais do que em 1833, Tocqueville quer observar de perto o conjunto das camadas sociais que existe na Inglaterra. Com Beaumont, ele deseja alargar o círculo de suas relações sociais: "Nós fazemos muita questão de nos envolver com

---

19 *Oeuvres*, I, p. 443.

20 Tocqueville atravessou o sul da Inglaterra, mais rico, de Weymonth à Londres, e permaneceu alguns dias na casa de Lord Radnor, próximo a Salisbury. Ele ainda não entrou nas cidades, como Manchester, que retiram o essencial de seus recursos das atividades industriais...

todas as classes e tentar todos os contatos."[21]. Na realidade, mesmo que eles tenham conhecido alguns manufatureiros, eles mal conseguiram sair do mundo político dominado pela alta e média aristocracia. Seus contatos diretos com a classe operária são inexistentes no momento em que o movimento político operário inglês é muito ativo.

Resta dizer que esta investigação é muito mais aprofundada do que a precedente. Ela começa por considerações gerais sobre a sociedade inglesa. Em um artigo intitulado "privilégios da riqueza", Tocqueville lastima que na Inglaterra tudo seja governado pelo dinheiro. Ele conclui: "Os ingleses não deixaram aos pobres senão dois direitos: o de estar submetido à mesma legislação que os ricos e o de se igualar a eles adquirindo riqueza igual. Novamente estes dois direitos são mais aparentes do que reais, visto que é o rico que faz a lei e que cria, em seu proveito ou de seus filhos, os principais meios de adquirir a riqueza."[22]. Muito rapidamente, Tocqueville e Beaumont decidem deixar Londres, onde eles permanecem de 8 de maio ao 24 de junho, para ir aos grandes centros urbanos e industriais. Eles começam pelo norte viajando para Birminghan, onde permanecem de 25 a 30 de junho. Todavia, trata-se de uma cidade que se encontra em uma situação particular: os operários são, na maior parte, especializados e qualificados. Eles trabalham no seio de uma empresa de tamanho pequeno ou em uma indústria muito diversificada que se situam, principalmente, na atividade metalúrgica em geral e, na manufatura de armas de fogo em particular. Setores que não necessitam de investimentos muito importantes, o que permite aos patrões manter salários relativamente bons aos operários. Birminghan é uma cidade industrial e comercial onde o capital parece ter encontrado um acordo com o trabalho: Os operários permanecem tão próximos aos mestres quanto a união

---

21 Carta de Tocqueville à Mary Mottley, 5 de maio de 1835, O.C., XIV, p. 396-397.

22 *Oeuvres*, I, p. 479.

política, social, até econômica se faz naturalmente entre as classes médias e as classes populares. Assim, quando de uma entrevista concedida por um advogado, que tem o nome de Carter, Tocqueville se interroga: "Há em Birminghan uma classe de pessoas desocupadas?" A resposta é muito surpreendente: "Não. Todo mundo trabalha para fazer fortuna. A fortuna feita, vão gozá-la noutros lugares."[23]

Tocqueville visita, em seguida, Manchester, cidade do têxtil, que se encontra em uma posição muito diferente: a agitação operária é, aí, muito presente, especialmente porque esta cidade contém tudo que o pauperismo traz como danos sociais... O contraste é tão evidente, que rapidamente ele percebe a diferença entre Manchester e Birminghan:

> Em Birminghan, quase todas as casas são ocupadas por apenas uma família; em Manchester, há uma porção da população em porões úmidas ou muito quentes, fedorentos e insalubres: treze ou quinze indivíduos no mesmo local. Em Birminghan, coisa muito rara. Em Manchester, águas estagnadas, ruas mal pavimentadas ou não pavimentadas. Lugares de riquezas insuficientes. Todas estas coisas quase desconhecidas em Birminghan. Em Manchester alguns grandes capitalistas, milhares de pobres operários, poucos da classe média. Em Birminghan poucas grandes manufaturas, muitos pequenos industriais. Em Manchester os operários são reunidos por mil, dois mil ou três mil nas manufaturas. Em Birminghan os operários trabalham nas próprias casas ou em pequenos ateliers em companhia do próprio mestre. Em Manchester necessitam principalmente de mulheres e crianças. Em Birminghan, particularmente de homens, poucas mulheres. Na opinião dos habitantes de Manchester, a população operária de Birminghan é mais saudável, mais próspera, melhor resolvida e tem mais moral do que aquela de Manchester.[24].

Em Manchester, Tocqueville compreende toda a amplidão que pode tomar o pauperismo observando a dimensão excepcional de uma cidade industrial, que não para de crescer, onde os operários

---

23 *Oeuvres,* I, p. 479.
24 *Oeuvres,* I, p. 501.

80

são confinados à proximidade de seu lugar de trabalho: "Em torno delas (as manufaturas) foram espalhadas, ao sabor das vontades, as débeis moradas dos pobres."[25] Ele observa as horríveis condições de vida dos operários e a atividade incessante "de uma população ardente por ganho, que procura acumular ouro"[26], que o conduz a destacar o contraste imenso entre a riqueza e a pobreza nas cidades industriais inglesas:

> É no meio desta cloaca infecta que o maior rio da indústria humana se origina e vai fecundar o universo. Desde esgoto imundo, escoa ouro puro. É lá que o espírito humano se aperfeiçoa e se embrutece, que a civilização produz suas maravilhas e que o homem civilizado volta a ser quase selvagem.[27]

Já estigmatizada em 1833, a extraordinária divergência entre a excessiva miséria e a extrema opulência permite, novamente, caracterizar a Inglaterra.

Manchester é um lugar essencial para compreender o conjunto da obra de Tocqueville. É nesta cidade que ele conhece, com horror, a imensidade da miséria da classe trabalhadora. Ele tem o auxílio do doutor Kay, célebre por sua pesquisa pioneira sobre o estado moral e político das classes operárias[28], que o conduz a uma sociedade de caridade e o faz descobrir alguns quarteirões dos mais miseráveis de Manchester, chamados "Pequena Irlanda" em referência à extrema indigência que reina na época no país vizinho, mas também porque numerosos irlandeses estão aí "instalados". As notas de viagem de Tocqueville nos fornecem uma visão apocalíptica:

> Mas quem poderia descrever o interior destes quarteirões situados à margem, receptáculos do vício e da miséria, que rodeiam e apertam com suas

---

25 *Oeuvres*, I, p. 502.

26 *Oeuvres*, I, p. 502.

27 *Oeuvres*, I, p. 504.

28 Estudo intitulado *The moral and physical condition of the working classes employes in the cotton manufacture in Manchester*, J. Ridgway, London, 1832.

horrorosas pregas os vastos palácios da indústria? Sobre um terreno mais baixo do que o nível do rio e dominado de todos os lados por imensos ateliers se estende um terreno pantanoso, que fossas lamacentas traçadas de longe em longe não poderiam secar nem sanear. Lá chegam pequenas ruas tortuosas e estreitas, que costeiam as casas de um andar, cujos cais mal encaixados e os ladrilhos destroçados prenunciam, à distância, o último asilo que possa ocupar o homem entre a miséria e a morte. Entretanto, os seres desafortunados que ocupam barracos excitam ainda a inveja de alguns de seus semelhantes. Abaixo de suas moradas miseráveis se encontra uma fileira de porões, à qual conduz um corredor semissubterrâneo. Em cada um destes lugares úmidos e repulsivos são amontoadas desordenadamente doze a quinze criaturas humanas. (...) Levante a cabeça, e em torno deste lugar, você verá elevarem-se os imensos palácios da indústria. Você ouvirá o barulho dos fornos, os assobios do vapor. As imensas casas impedem o ar e a luz de penetrar nas habitações humanas que elas dominam e envolvem com um perpétuo nevoeiro; aqui está o escravo, lá o mestre. Lá as riquezas de alguns; aqui, a miséria do maior número. Lá, as forças organizadas de uma multidão produzem, em proveito de um só, o que a sociedade ainda não tinha podido se dar; aqui, a fraqueza individual se mostra mais débil e anda mais desprovida do que no meio dos desertos. Aqui os efeitos, lá as causas.[29]

Tocqueville é, então, muito sensível à miséria da massa resultante do desenvolvimento industrial. Em 1835, já não se trata somente de uma percepção um pouco vaga e aceita porque flutua no universo intelectual do tempo, como poderia ter sido o caso em 1833. Trata-se, doravante, de uma realidade humana observada que toma uma dimensão particularmente trágica. Assim, muito inspirada, a longa descrição das casas operárias que nos oferece Tocqueville indica sua consciência aguda das diferenças de condições que se acentuam na civilização dos tempos modernos. Com termos muito realistas, ele nos fornece uma pintura impressionista

---

29 *Oeuvres* , I, p. 502-503. O olhar que ele traz sobre a cidade de Manchester em geral e sobre seus setores mais miseráveis marca profundamente Tocqueville. Ele conta a Mary Mottley, sua futura esposa, seu desvio pela Pequena Irlanda: "é uma coleção de casebres no meio dos quais moram em porões cerca de cinquenta mil irlandeses. Nós entramos por curiosidade em muitas destas casas: Dante não poderia inventar para os ricos maus um suplício mais assustador do que viver nestas moradas horrorosas." (O.C., XIV, p. 398).

de um novo inferno: aquele da sociedade industrial! Observador ávido das realidades sociais, nosso autor denuncia com vigor a escravidão à qual são reduzidos os operários, e a "nova feudalidade" que aparece com a indústria. Certamente, na sua narrativa horrorizada das espeluncas de Manchester, ele ainda não utiliza esta expressão. Ele o fará um pouco mais tarde na segunda parte de *A Democracia na América* após tê-la, sem dúvida, retido em sua leitura de a *Economia política cristã*. É verdade que Villeneuve-Bergemont serve-se desta retórica para desenvolver o processo da "aristocracia industrial": "Quanto aos vassalos desta feudalidade moderna, nada poderia exprimir suficientemente o estado de servidão, de abjeção e de sofrimento para onde os fizemos descer."[30]

As páginas sobre a miséria operária de Manchester são muito importantes para compreender o sentido das reflexões econômicas e sociais do pensamento de Tocqueville. Embora elas sejam semelhantes às análises de La Bruyère sobre a condição camponesa do século XVII[31], são negligenciadas, até esquecidas. Elas podem nos lembrar a obra, prelúdio ao marxismo, de Friedrich Engels sobre a situação das classes operárias na Inglaterra. Com efeito, com esta representação dos mais miseráveis quarteirões de Manchester, nosso autor participa plenamente do debate sobre o pauperismo, que impõe uma reflexão sobre o capital e o trabalho e cria, assim, as condições intelectuais e ideológicas para o surgimento do pensamento marxista. Além disso, Tocqueville acusa explicitamente o modo de produção capitalista de ser responsável pela exploração e pela dominação dos patrões sobre os operários: ele se inquieta especialmente pela insuficiência dos salários dos operários[32], que são, por outro lado, submetidos a frequentes variações, quando de sua visita a uma grande manufatura, "uma das maiores fiações de

---

30 *Economie politique chrétienne*, I, p. 387.

31 « De l'homme » in *Les Caractères*, Gallimard, 1953, nº 128.

32 Assinalamos que Tocqueville não acredita em uma autorregulação do mercado de trabalho.

Manchester"[33] onde ele foi conduzido pelo Doutor Kay. Ele toma consciência, definitivamente, que as fábricas são o signo de um contraste terrível entre uma minoria de ricos patrões e uma massa trabalhadora particularmente miserável. Ele constata as terríveis condições laborais dos operários que trabalham sessenta e nove horas por semana: "Qual ser deve tornar-se um homem que faz a mesma coisa durante doze horas em média todos os dias de sua vida, exceto aos domingos?"[34] São os efeitos perversos da divisão do trabalho que são aqui denunciados[35]: especializando o trabalhador nas tarefas mais simples e repetitivas, ela conduz ao seu embrutecimento.[36] Encontramos verdadeiros sinais marxistas para formulas a inevitável "alienação" que toma conta dos operários... Ele é sensível também ao recrutamento excessivo de crianças e mulheres que os industriais exploram tanto quanto podem:

> Três quartos dos operários, na manufatura de M. Mc Connel, são mulheres e crianças. Sistema destrutivo da instrução e perigoso para a moralidade das famílias, mas necessariamente derivado da circunstância que as manufaturas não exigem um grande emprego de forças materiais e que o trabalho de mulheres e crianças basta, ele é mais barato do que o dos homens.[37]

Aqui, nosso autor é confrontado diretamente com a miséria de massa. Ele recebe informações preciosas para determinar a dimensão do "mal social".

Tocqueville tenta, então, compreender a urbanização e a industrialização de Manchester? Como explicar que os camponeses escolham se entregar a este inferno? Por que prossegue o êxodo

---

33 *Oeuvres*, I, p. 504.

34 *Oeuvres*, I, p. 1435.

35 Notamos que a crítica à divisão do trabalho é antiga. Smith é o primeiro a apresentar as vantagens, mas também os limites – apoiando-se sobre uma perspectiva moral – da divisão do trabalho (in *La Richesse des Nations* [1776]).

36 Salientamos que Tocqueville retoma esta crítica à divisão do trabalho na *segunda Democracia*.

37 *Oeuvres*, I, p. 505.

rural? "O movimento que leva os homens dos campos para as manufaturas parece jamais ter sido tão vivo quanto no presente. O comércio prospera e a agricultura está em sofrimento. Dizem--nos, em Manchester, que uma multidão de camponeses começa a chegar aos arredores. Os ganhos, (tão) pouco elevados que (sejam), lhes parecem ainda uma melhoria de seu estado presente."[38] Por outro lado, em relação à França, os salários provenientes do comércio e da indústria são muito mais elevados na Inglaterra. Os camponeses preferem então abandonar o mundo rural por atividades mais lucrativas. Um meio de lutar contra o pauperismo consiste em evitar a transferência das classes agrícolas para a indústria. O objetivo de inverter a tendência da classe trabalhadora de abandonar o campo para apostar nas fábricas pode ser atingido favorecendo a divisão da propriedade da terra. Já compreendemos: trata-se de uma solução recorrente no pensamento econômico e social de Tocqueville. Mas nosso autor descobre muito rápido que não está nos costumes da classe inferior inglesa consagrar seus extras à compra de terra. Na Inglaterra, as pequenas propriedades não existem, assim não vem ao espírito do camponês o desejo de adquiri-la; não tem nem o hábito, nem o reflexo. Assim, se ele enriquece, volta-se para a indústria ou para o comércio. O pequeno proprietário prefere frequentemente se desfazer de sua terra para alcançar um emprego que julgue mais rentável (o que, a propósito, não pode fazer senão aumentar a concentração dos domínios rurais). Definitivamente, a propriedade permanece um gosto dos ricos, como explica Sharpe, um advogado radical, encontrado em 08 de maio de 1835: "Quando se torna um milionário no comércio, compra-se uma grande terra que diz respeito apenas a 2%, que lhe obriga a uma grande representação, mas que ao mesmo tempo lhe dá uma alta posição social."[39] Tocqueville continua a se

---

38 *Oeuvres*, I, p. 504.

39 *Oeuvres*, I, p. 462.

espantar: "Assim, o pobre vê próximo a si um proprietário que, sozinho, possui a metade do condado; não lhe ocorre a ideia que esta imensa propriedade, dividida entre todos os habitantes da vizinhança, poderia trazer facilidades a cada um deles, e não vê este grande proprietário como uma espécie de inimigo comum?"[40]

Em 19 de maio de 1835, em uma carta a Molé, Tocqueville retorna sobre esta questão com termos muito explícitos:

> Eu não sei se você pensa como eu, Senhor, que tal excesso do princípio aristocrático leva quase tão certamente a uma revolução quanto, na França, o desenvolvimento natural da democracia. Já a Inglaterra apresenta o fenômeno que perto de dois terços da população deixou a terra e entrou nas carreiras industriais. Semelhante movimento, que data de longe e que vai sempre se acelerando não pode levar senão a um estado contrário à natureza, e no qual uma sociedade não poderia, eu penso, se manter. Já há pelo menos um grito no país contra o excesso da população e a falta de trabalho. A população parece excessiva porque ela está mal repartida, e o trabalho falta porque os trabalhadores são empurrados para o mesmo lado. Frente a uma minoria que possui, encontra-se uma imensa maioria que não possui; e em nenhum lugar a questão é posta de um modo mais terrível entre os que tem tudo e os que não tem nada."[41]

Paradoxalmente, a aristocracia inglesa, muito aberta aliás, está em perigo, pois apenas os ricos acedem à propriedade territorial. É a ausência da possibilidade de elevação social que ameaça as classes superiores. A dificuldade de estabelecer claramente os contratos de aquisição de terras conduz, necessariamente, à contratação de um advogado que fará pagar muito caro suas competências. Além dos costumes e das diferenças de fortuna, as leis civis tornam a divisão da propriedade da terra muito difícil. Ao fim das contas, "compram-se apenas grandes terras e só as compramos quando já somos muito ricos. Assim, o pobre é excluído da proprieda-

---

40 *Oeuvres*, I, p. 462.
41 *Oeuvres*, I, notes, p. 1412-1413.

de da terra."[42] Solução para lutar contra a pobreza de massa, a aquisição do solo não é viável para um pobre. Se ele quer realizar um bom negócio financeiro, o proprietário deve evitar lotear seu terreno, visto que ele não encontrará compradores para pequenos terrenos. Com esta lógica sem saída, Tocqueville continua a pensar com categorias ultrapassadas: se a França desta época é ainda estruturalmente e ideologicamente camponesa, a Inglaterra é majoritariamente industrializada. Aliás, é muito significativo que sua proposição de reforma agrária não suscite nenhum interesse aos seus numerosos interlocutores britânicos.

Tocqueville prossegue seu périplo inglês passando por Liverpool, considerada na época como um verdadeiro entreposto do comércio mundial tanto pelas mercadorias quanto pelos homens (escravos). Ele se interessa pelo intercâmbio entre esta cidade e a França: o cônsul da França o instrui que eles não são coerentes devido ao aumento dos direitos de aduana na França, este protecionismo chama em resposta o das autoridades inglesas. Segue uma conversação mais geral sobre o estado das relações econômicas entre a França e a Inglaterra, e mais particularmente concernente ao comércio do vinho, da aguardente, do ferro e do algodão. Tocqueville manifesta interesse igualmente pela saúde financeira da empresa encarregada de construir as estradas de ferro, e se inquieta com a vontade dos engenheiros franceses de examinar e compreender os progressos da "railway". Ele voltará a esta questão enquanto presidente do Conselho geral da Mancha, quando se empenhará em convencer sobre a utilidade de uma linha Paris-Cherbourg. Ele evoca também a importância da "grandeza dos capitais" para explicar o desenvolvimento quase contínuo da indústria inglesa, pensando que as vantagens naturais da Inglaterra favorecem o crescimento de sua prosperidade e seu desenvolvimento. Liverpool é uma cidade que não cessa de crescer. Também ela não escapa à

---

42 *Oeuvres*, I, p. 480.

regra do contraste: o êxito comercial tem um preço. "Liverpool, bela cidade. A miséria é quase tão grande quanto em Manchester, mas ela se esconde. Cinquenta mil pobres vivem em porões."[43]

Sempre acompanhado de Beaumont, Tocqueville decide empurrar sua viagem até a Irlanda. Em Dublin, onde ele chega em 07 de julho de 1835, procura fazer emergir os elementos fortes da sua observação na Inglaterra em um texto intitulado "Como podemos atribuir aos princípios políticos dos ingleses uma parte de sua prosperidade comercial e manufatureira". A nobreza inglesa, sendo aberta, viu crescer a seu lado uma "aristocracia do dinheiro". Com efeito, a riqueza torna-se igualmente sinônimo de poder, visto que na Inglaterra "o dinheiro é o verdadeiro poder" [44]. O desenvolvimento conjunto do comércio e das manufaturas explica o aumento da opulência do outro lado da Mancha, pois "são os meios mais comuns, mais rápidos e mais seguros de se tornar rico."[45] Ora, "o espírito e os hábitos da liberdade dão o espírito e os hábitos do comércio"[46]: as condições políticas têm, então, efeito sobre a atividade econômica. Como o ordenamento social é muito menos rígido na Inglaterra do que na França, permite ao povo se imaginar um "possível": as leis e os costumes encorajam a procurar facilidades e asseguram a possibilidade "de gozá-la após tê-la encontrado."[47] Tocqueville prefere, então, insistir sobre fatores políticos, mais do que sobre circunstâncias acidentais, da prosperidade comercial inglesa. O dinheiro sendo a chave do poder,

---

43 *Oeuvres*, I, p. 507.

44 *Oeuvres*, I, p. 512. Tocqueville observa com grande atenção o quanto o poder do dinheiro se manifesta em numerosos campos da sociedade inglesa: política, religião, justiça, educação... para concluir: "Igualdade aparente, privilégio real da riqueza, maior talvez que em qualquer outro país do mundo. Noção central, todos os fatos dirigem meu espírito nesta direção" (P, I, p. 480).

45 *Oeuvres*, I, p. 513.

46 *Oeuvres*, I, p. 513. Na sequência de Montesquieu, Tocqueville pensa que "o espírito comercial dá naturalmente aos homens o espírito de liberdade", mas a inversão da ordem dos fatores lhe parece mais determinante.

47 *Oeuvres*, I, p. 514.

e o fim de todos os desejos, fazemos tudo para procurá-lo, o que favorece as iniciativas econômicas. Ao mesmo tempo, comércio e indústria são responsáveis pelo crescimento das desigualdades, que são particularmente gritantes neste país, visto que "em todos os países ele parece infeliz por não ser rico. Na Inglaterra, tornou-se uma horrível infelicidade ser pobre."[48] Tocqueville se coloca algumas questões: é preciso copiar o modelo inglês? As luzes econômicas não são acesas em detrimento da razão? "Quando considero atentamente o ponto da grandeza onde chegou o povo inglês, vejo entre as causas desta grandeza muitas virtudes, mas não sei se não é preciso atribuir mais ainda aos vícios."[49]

Entre a força da liberdade e a extensão devastadora do pauperismo que reina na Inglaterra, é muito difícil apreciar o olhar que Tocqueville joga sobre sua "segunda pátria intelectual"[50]. O que ele expõe sobre a Irlanda é sem equívoco... Constata rapidamente o contraste que existe em Dublin entre uma casa de mendicidade superlotada e miserável ("Espetáculo interior: aspecto mais horroroso e mais repugnante da miséria."[51]) e uma universidade enorme, esplêndida, mas... deserta. Desde os primeiros instantes, a miséria generalizada que assola o país lhe salta aos olhos, tanto que sua situação econômica e social é terrível. "A maior parte das residências do país tem aparência muito pobre; um grande número de miseráveis ao extremo. (...) É domingo. Entretanto, a população tem aspecto muito miserável. Muitos vestem roupas furadas ou muito remendadas. A maioria não usa chapéu nem sapatos."[52] A população não chega a satisfazer corretamente suas necessidades primárias: morar, se vestir, mas também se alimentar... Quando da

---

48 *Oeuvres*, I, p. 512.

49 *Oeuvres*, I, p. 513.

50 Carta a Nassau Sênior de 21 d fevereiro de 1835 (O.C., VI, 2, p. 69) e de 27 de julho de 1851 (O.C., VI, 2, p. 135).

51 *Oeuvres*, I, p. 517.

52 *Oeuvres*, I, p. 525.

colheita da batata (principal alimento dos irlandeses) chega ao seu fim e que a safra seguinte ainda não está pronta para a colheita, ou seja, de abril a agosto, a penúria é geral. Coiceados pela fome, os irlandeses não conseguem esperar que os legumes estejam maduros. Numerosos são os que desenterram as batatas ainda verdes, para ter alguma coisa no ventre. A inanição, quase permanente, mata milhares de irlandeses a cada ano.

Tocqueville procura rapidamente avaliar a dimensão do desastre econômico e social. Assim, ele descobre que o número de desempregados se eleva a dois milhões. No entanto, haveria, sem dúvida, possibilidade de lhes dar trabalho "fixando-os em terras não cultivadas e cultiváveis"[53] que são numerosas na Irlanda. Novamente, nosso autor pensa, então, que a divisão da propriedade da terra é uma solução indicada e a discute com a maior parte de seus interlocutores.[54] Ajudando a resolver as dificuldades das classes trabalhadoras, trata-se de contribuir ao desmantelamento da nobreza irlandesa – segundo um método longe de ser novo – o qual rapidamente entende que ela está na origem de um bom número de males que atingem o povo. Esta aristocracia não possui, longe disso, as virtudes da aristocracia inglesa, visto que ela assenta todo o seu poder sobre as desgraças dos pobres. Com efeito, os grandes proprietários pressionam os camponeses, tanto quanto possível, constrangendo-os a aceitarem salários de subsistência, posto que "tiram de suas terras tudo o que elas podem dar, aproveitam da concorrência que cria a misérias, e, quando reúnem imensas somas de dinheiro, vão gastá-las fora do país."[55] Preferindo-se misturar-

---

53 Remédio preconizado por Murphy, «o católico mais rico da Irlanda", segundo Tocqueville, que o encontrou em Dublin em julho de 1835 (*Oeuvres*, I, p. 515).

54 Murphy, mas também Kelly (advogado) e Wilson («Ministro da Igreja Anglicana ») em 11 de julho de 1835 (*Oeuvres*, I, p. 520) e com Nolan (bispo) em 20 de julho de 1835 (*Oeuvres*, I, p. 526). Gustave de Beaumont preconizará igualmente a partilha da terra entre os camponeses para tentar resolver a imensa miséria que assola a Irlanda (*L' Irlande sociale, politique et religieuse*, C. Gosselin, 1838).

55 Segundo a opinião expressa por Kelly e Wilson, Oeuvres, I, p. 521-522.

-se à alta sociedade inglesa, os "senhores" não residem na Irlanda, o que está na origem de duas consequências trágicas: primeiro, abandonando o consumo dos produtos domésticos, os rendimentos gastos alimentam o circuito econômico inglês. Por outro lado, uma grande parte da produção está destinada aos mercados do poderoso vizinho: "o irlandês cultiva belas plantações, leva sua colheita ao porto mais próximo. Cria gado, envia-os a Londres e jamais come carne."[56] Em seguida, estando afastada frequentemente de suas propriedades, a classe superior irlandesa deve confiar a exploração de seus domínios a gestores sem compaixão, o que aumenta a dificuldade das condições de trabalho dos operários rurais. Fingindo, ela não pode preencher as funções que, aos olhos de Tocqueville, incumbem a toda aristocracia. Se esta tem direitos, tem sobretudo deveres em relação à população que vive em suas terras. Ora, na Irlanda, os mais ricos não parecem se preocupar com o estado de indigência completa no qual caíram seus concidadãos. Seriam mesmo os pobres que, ao preço de imensos sacrifícios, se encarregam de aliviar a indigência, se admitimos o discurso ouvido por Tocqueville na casa do bispo de Kilkenny:

> O rico olha o pobre do alto dos muros de seu belo parque ou, se o encontra em seu caminho, responde a suas súplicas: 'eu prometi a mim mesmo de nada dar àqueles que não trabalham.' E ele não lhe fornece nada. Tem cachorros grandes e gordos e seus semelhantes morrem à sua porta. Quem nutre o pobre? O pobre. Os infelizes que com 100 cestos de batatas para eles e sua família dão anualmente 50 aos homens mais infelizes ainda que se apresentam com fome à porta de sua cabana. É justo que este homem vista roupas rasgadas, não envie seu filho à escola, e se imponha as mais duras privações para aliviar as misérias às quais os proprietários permanecem insensíveis? (...) (Tantas pessoas morrem de fome) porque os proprietários encontram seu lucro em fazer pradarias, e se podem obter um pouco mais de dinheiro eles desprezam o resto. Neste momento, senhores, o interesse dos proprietários da Irlanda é tornar o povo tão miserável quanto possível, pois, quanto mais o cultivador for ameaçado de morrer de fome, mais ele estará

---

56 Sempre segundo Kelly e Wilson, *Oeuvres*, I, p. 522.

pronto a se submeter a todas as condições que se desejará lhe impor. Temos que provocar nos proprietários o interesse no maior conforto do pobre.[57]

Esta poderosa conversa parece ter marcado Tocqueville que a repõe, praticamente com as mesmas palavras, na boca de um padre católico[58].

Deste modo, compreendemos que para alguns irlandeses, os erros da aristocracia são muito numerosos. Tocqueville se reconhece neste julgamento, pois pensa que ela busca unicamente servir-se de sua superioridade social e econômica em detrimento da classe inferior no momento em que o contingente de pobres só faz aumentar... Nosso autor não pensa que a caridade privada permita resolver o pauperismo, ainda que lhe pareça uma virtude essencial para a Irlanda: restaurar a ligação moral que deve existir entre a classe superior e o povo. Do contrário, ele não vê senão o ódio crescer entre eles! Segundo ele, este sentimento é reforçado pela ausência da divisão da propriedade da terra que deixa terras não cultivadas enquanto numerosos braços estão desocupados. A reflexão de Tocqueville dá, então, um novo giro, pois ele compreende, na Irlanda, que um indigente que não trabalha não é forçosamente um "mau pobre". Melhor: ele vê! Em suas notas, ele expõe esta realidade que lhe salta na cara durante um ano de suas viagens:

> Notei cinco ou seis homens cheios de força e saúde deitados negligentemente à borda do riacho. Se eu conhecesse menos a Irlanda, esta preguiça no meio de uma tão grande miséria teria excitado minha indignação; mas já conheço muito bem este país infeliz para saber que a trabalho falta sem cessar. Não se pode ganhar a vida com o suor do rosto, como havia (prescrito) Deus.[59]

É necessário sair das antigas categorias de avalição da indigência: a preguiça não pode mais constituir a explicação central

---

57 Em 26 de julho de 1835, *Oeuvres*, I, p. 550-551.

58 Em 28 de julho de 1835, *Oeuvres*, I, p. 564-565.

59 Em 28 de julho de 1835, *Oeuvres*, I, p. 560.

da miséria de massa, nela compreendidos os pobres saudáveis que não trabalham. Como muito outros, mas com a particularidade de ter constatado no local, Tocqueville compreende que o pauperismo é, antes de tudo, um problema coletivo: a pobreza atinge muito mais pessoas por continuar a ser considerada somente como resultado de uma falta individual! Além disso, a dimensão da precariedade das situações materiais mostra que o pauperimo não resulta de pecados individuais, mas do próprio trabalho industrial.

Tocqueville mostra-se, então, desconfiado acerca de algumas ideias em voga na sua época, a começar pelos liberais que consideram os pobres como os principais responsáveis por suas condições. Com exceção notória dos efeitos perversos do sistema de caridade legal, tal como existe na Inglaterra sob a forma da lei dos pobres, nosso autor se recusa a ver os indigentes como os primeiros agentes de suas infelicidades. Desde então, ele renuncia a tratar o pauperismo como um imenso erro coletivo.

No Segundo Ensaio sobre o Pauperismo (1837), que foi deixado inacabado[60], ele explica que o operário é constrangido por dificuldades sobre as quais ele tem pouco controle. A sociedade industrial está submetida a crises periódicas o que torna necessário "poder lhes garantir, simultaneamente, dos males que eles mesmos atraem sobre si e daqueles sobre os quais eles nada podem."[61] Há casos nos quais o operário não é responsável por sua condição, que destacam não ser suficiente a degradação de seu estado moral para explicar suas imensas dificuldades.

Ao entrar nos subúrbios industriais de Manchester, penetrando em alguns quarteirões miseráveis e percorrendo os campos irlan-

---

60 A sociedade acadêmica de Cherbourg tinha reservado o lugar necessário para a publicação do segundo escrito sobre o pauperismo nas edições de 1838 de seus Ensaios (duas atas o comprovam em julho e novembro de 1837). Sobre isso ver Alexis de Tocqueville, *Livre du Centenaire, 1859-1959*, CNRS, 1960, p. 2. Mas Tocqueville inicia a redação deste trabalho em um ano sobrecarregado no plano político, pois foi o ano no qual ele se apresentou pela primeira vez às eleições. Por outro lado, é provável que ele considerou seus conhecimentos econômicos insuficientes para chegar ao fim...

61 O.C., XVI, p. 145.

deses, golpeia em cheio Tocqueville uma realidade que tinha tendência a diminuir e/ou a negligenciar até então. Seu olhar sobre o mundo – e seu futuro – modificou-se radicalmente. Traumatizado, ele é assombrado por esta indigência massiva que parece relutante aos remédios clássicos e que parece ameaçar duravelmente a ordem social e política.

***

As observações de 1835 deixam um traço profundo sobre a visão que Tocqueville tem do futuro e, então, da democracia. Assim, a estadia do outro lado da Mancha provoca um reajuste muito profundo em seu pensamento. É a obra de 1840 que, acolhendo estas reflexões, dá outra visão de *A Democracia na América*. A Inglaterra não encarna somente o passado, ela apresenta também os perigos do futuro [62]. Perigos ignorados no tomo de 1835, não é mais possível, para Tocqueville, não integrá-los no de 1840. Em oposição a uma irresistível progressão da democracia, é preciso então aceitar que o «estado social » democrático, talvez, não tenha penetrado todos os domínios da sociedade. Pior ainda: não é preciso considerar que uma nova forma aristocrática possa surgir nestes tempos democráticos?

Referências bibliográficas

TOCQUEVILLE. Œuvres Complètes. T. I, 1 : De la Démocratie en Amérique, Paris, Gallimard, 1951.

_____. Œuvres Complètes. T. VI, 1 : Correspondance anglaise, avec Reeve et J. S. Mill, Paris, Gallimard, 1954.

_____. Œuvres Complètes. T. VI, 2 : Correspondance et conversations d'Alexis de

---

62 Ideia trivial na época. Por exemplo, em *De l'Angleterre et des Anglais*, por J. B. Say, 1815.

Tocqueville et Nassau William Senior, Paris, Gallimard, 1991.

____. Œuvres Complètes. T. XIV : Correspondance familiale,Paris, Gallimard, 1998.

____. Œuvres Complètes. T. XVI : Mélanges, Paris, Gallimard, 1989.

____. Œuvres. T. 1 Voyages, Ecrits politiques et académiques, Paris, Gallimard (Bibliothèque de la Pléiade - Edition publiée sous la direction d'André Jardin avec la collaboration de Françoise Mélonio et Lise Queffélec, 1991

____. *Le livre du Centenaire (1859-1959)*, CNRS, 1960.

LA BRUYÈRE, *Les Caractères*, Paris, Gallimard, 1953.

VILLENEUVE-BARGEMONT, Alban de, *Economie politique chrétienne, ou Recherches sur la nature et les causes du paupérisme en France et en Europe, et sur les moyens de le soulager et le prévenir*, Paulin, 3 volumes, 1834.

Tocqueville et Nassau William Senior, Paris, Gallimard, 1991.

_____ Œuvres Complètes, T. XIV : Correspondance familiale,Paris, Gallimard, 1998.

_____ Œuvres Complètes, T. XVI - Mélanges, Paris, Gallimard, 1989.

_____ Œuvres, T. I Voyages, Ecrits politiques et académiques, Paris, Gallimard (Bibliothèque de la Pléiade - Edition publiée sous la direction d'André Jardin avec la collaboration de Françoise Mélonio et Lise Queffélec, 1991

_____ Le livre du Centenaire (1859-1959), CNRS, 1960.

LA BRUYERE, Les Caractères, Paris, Gallimard, 1951.

VILLENEUVE-BARGEMONT, Alban de; Economie politique chrétienne, ou Recherches sur la nature et les causes du paupérisme en France et en Europe, et sur les moyens de le soulager et le prévenir, Paulin, 3 volumes, 1834.

Miséria, violação da democracia

HELENA ESSER DOS REIS

No verso dos papéis em que Tocqueville preparava um discurso em novembro de 1841, entre outras ideias, encontramos uma afirmação taxativa: "A liberdade é a primeira de minhas paixões. Eis o que é verdade" (Tocqueville, 1985b: 87). A forma assertiva e direta desta confissão oferece aos seus leitores uma chave interpretativa de seu pensamento. Tocqueville está longe de ser um autor que desenvolve seus conceitos fundamentais sistematicamente; pelo contrário, seu pensamento é forjado no confronto com os problemas que vive e busca compreender. Por isso mesmo não se deixa apreender facilmente nos rótulos que seus intérpretes insistem atribuir-lhe. Educado no seio de uma família aristocrática, encanta-se com as novas possibilidades da democracia. Afasta-se do radicalismo dos monarquistas, repudia a ilusão de uma volta ao passado, toma parte nos debates políticos travados entre liberais e socialistas, apoia instituições sociais e políticas favoráveis à liberdade, mas exige algo além das meras garantias formais que satisfazem a burguesia liberal que ascende ao poder após 1830. Se a indocilidade de seu pensamento traz dificuldades aos seus intérpretes, também lhe confere vivacidade e abertura. Sua concepção de democracia é construída na confluência dos direitos político-civis e direitos econômico-sociais. Tal confluência ganha relevância ainda maior no mundo contemporâneo, visto que a XXI Sessão da Assembleia Geral das Nações Unidas, em 19 de dezembro de 1966, reconhece a inseparabilidade dos direitos humanos por meio da aprovação do Pacto Internacional sobre Direitos Civis e Políticos e do Pacto Internacional sobre Direitos

Econômicos, Sociais e Culturais, em cujos preâmbulos um pacto remete ao outro.

Investigar as razões sociais e econômicas que vulnerabilizam as populações no Estado democrático será o objeto deste artigo de discussão sobre o pensamento de Alexis de Tocqueville. Nossa hipótese é que a miséria viola não apenas a igualdade das condições sociais, mas também impede condições políticas de liberdade violando, deste modo, a própria democracia.

NOVOS TEMPOS

Convicto de que o passado não retorna jamais, Alexis de Tocqueville se abre à chegada dos novos tempos e se afasta da posição familiar. As contradições da França pós-revolucionária confrontam suas concepções, mas não possibilitam uma simpatia imediata à democracia. No complicado ambiente político francês, viajar aos Estados Unidos surgiu como uma oportunidade de tomar distância e, ao mesmo tempo, observar de perto um Estado democrático que parecia bem sucedido aos olhos dos franceses. Conhecer a sociedade e as instituições que há muito habitavam sua imaginação permite-lhe superar a incômoda curiosidade que nutria. Como juiz auditor de Versailles propôs, então, ao ministro do interior da França, junto com seu amigo e colega – o juiz substituto Gustave de Beaumont –, que os designasse para irem aos Estados Unidos analisar as causas do êxito do sistema penitenciário lá existente. Era urgente uma reforma das prisões francesas e eles, jovens juízes, se propunham a estudar um sistema exitoso a fim de desenvolver um projeto de reforma para adequar o sistema francês às concepções políticas e morais do século XIX[1].

Em que pese a boa investigação apresentada em *Do sistema penitenciário nos Estados Unidos e sua aplicação na França*, publi-

---

1 Para maior aprofundamento sobre o tema remeto a Hugh Brogan. *Alexis de Tocqueville o profeta da democracia. Biografia*. Rio de Janeiro: Record, 2012.

cado em 1833, que autorizou a viagem para a América do norte, a motivação maior de Tocqueville, ao empreender a travessia do Atlântico, era a possibilidade de conhecer a democracia americana, estudar os problemas decorrentes da difícil relação entre a liberdade e a igualdade, que há mais de quarenta anos perturbavam a vida social e política francesa. É o espírito de curiosidade intelectual e política que o move e o faz observar minuciosamente as instituições do Estado e o modo de vida da sociedade norte-americana. Em sua chegada aos Estados Unidos, afirma Françoise Mélonio, nada parecia entusiasmá-lo verdadeiramente, pois atribuía a tranquilidade do estado democrático antes "à natureza das coisas do que à vontade dos homens" (Mélonio 1993: 29). Depois de apenas quatro meses de viagens e observações pelo território do novo mundo, Tocqueville "converte-se"[2] (*Id., ibid.*) à democracia.

Em contraposição ao velho mundo aristocrático, no estado social e político observado na América prevalecia o respeito aos direitos de todas as pessoas[3]. Esta novidade trazida pela igualdade de condições produz uma situação jamais vivida pela humanidade, que não só põe em movimento toda a sociedade como reverbera sobre os sentimentos, opiniões, costumes políticos. Considerando que nenhum evento do passado é capaz de fornecer os elementos necessários para decifrar os novos tempos existentes na França

---

2 Ainda que Mélonio afirme que a "conversão" de Tocqueville se dê em etapas, ela considera que é em Boston (entre 07 de setembro e 03 de outubro), onde ele, "descobrindo o que é a igualdade bem regulada, se vincula a uma democracia que, de resto, triunfa irresistivelmente" (Mélonio 1993: 29-30). Saliento que a palavra *conversão* deve ser entendida no contexto de dúvidas acerca da democracia decorrentes de sua formação aristocrática e marca uma posição pessoal que irá perdurar.

3 Tocqueville, ao longo de A *Democracia na América*, refere-se sempre às condições de igualdade social existentes entre os "anglo-americanos". Isso demonstra que observou, com muita clareza, a profunda desigualdade entre os imigrantes ingleses e seus descendentes em relação aos povos originários da América do Norte e aos africanos para lá levados como escravos. Ao final do primeiro tomo encontramos o longo capítulo intitulado "Algumas considerações sobre o estado atual e o futuro provável das três raças que habitam o território dos Estados Unidos", no qual tece considerações sobre as relações entre brancos, indígenas e negros, apontando que a desigualdade entre eles será causa de grande perturbação à democracia norte-americana.

pós-revolucionária, Tocqueville busca compreender quais são as consequências produzidas pela igualdade de condições e como torná-la vantajosa às pessoas. Nesse sentido, afirma:

> na América eu vi mais do que a América; procurei ali uma imagem da própria democracia, das suas tendências, do seu caráter, dos seus preconceitos, das suas paixões; desejei conhecê-la, ainda que fosse apenas para saber o que devemos esperar ou temer da parte dela (Tocqueville 1992:15).

Longe de um modelo, a América torna-se, na obra de Tocqueville, um espaço de investigação que lhe permite instruir-se sobre os melhores meios de preservar a liberdade nas sociedades baseadas na igualdade de condições.

Apaixonado pela liberdade, assume para si a tarefa de exortar seus concidadãos, a fim de manter a liberdade no inevitável estado igualitário. Toda sua vida é marcada por uma defesa incondicional da liberdade, a qual entende como um gosto sublime que confere às pessoas o prazer de falar e agir por si mesmas[4]. Esta singela maneira de compreender a liberdade implica, por um lado, independência pessoal para pensar por si mesmo e, por outro, convívio com os demais para que a palavra e a ação de cada um deles adquira sentido no mundo humano. Exatamente por isso, admite Tocqueville, a liberdade não se liga a um estado social[5]. Ela existe em todos os tempos, mas de modos diferentes.

No Antigo Regime aristocrático a organização social se caracterizava por uma desigualdade irrevogável entre as pessoas, a qual estava fundada sobre tradições perenes, fixadas em um tempo lon-

---

4 "O que, em todos os tempos, prendeu tão fortemente o coração de certos homens à liberdade foi sua própria atração, seu charme, independente de seus benefícios; é o prazer de poder falar, agir, respirar sem constrangimento, apenas sob o governo de Deus e das leis. Quem procura na liberdade outra coisa que não seja ela mesma é feito para servir" (Tocqueville 2004: 195).

5 "A liberdade manifestou-se aos homens em diferentes ocasiões e sob diferentes formas; nunca se ligou exclusivamente a um estado social e podemos encontrá-la também fora das democracias" (DA II, 2, cap. 1:384).

100

gínquo, de modo que lhes aparecia como uma ordem normativa que transcendia suas vontades: "uma obrigação de certo modo divina" (Tocqueville 1992: 698). As posições sociais longinquamente fundadas vinculavam as pessoas a uma cadeia de mando e obediência criando duas humanidades distintas e fixas: a uma delas correspondia o privilégio da liberdade, a outra, o dever da obediência.

Pouco a pouco, os vínculos de submissão, que prendiam os indivíduos a uma posição fixa da hierarquia social, são rompidos e as condições sociais se assemelham. O dinamismo econômico, a mobilidade social, a generalidade das leis e das penas, a participação nas instituições do Estado, o compartilhamento de costumes e valores favorecem o reconhecimento e o respeito recíproco de iguais direitos uns aos outros. A consequência política dessa nova organização social é a afirmação da liberdade como um "direito comum" (*Id.* 2004: 35) a todos as pessoas. A igualdade de condições, pressupondo que cada pessoa é um ser singular que pensa e age por si mesmo, transformou o privilégio da liberdade em direito comum, cujo conteúdo político (decidir por si mesmo e participar das decisões e ações que dizem respeito a todos) fez Tocqueville qualificar a liberdade democrática como a "noção justa" (*Id.*, *ibid.*: 36) de liberdade[6].

Tocqueville afirma que "se pode imaginar um ponto extremo onde a liberdade e a igualdade se tocam e se confundem" (*Id.* 1992: 607). Este ponto extremo, segundo sua suposição, será aquele no qual "todos os cidadãos concorram ao governo e que cada um tenha igual direito de concorrer" (*Id.*, *ibid.*). A estreita relação entre a liberdade e a igualdade exigida pela confluência do estado social e político democráticos implica que ninguém poderá exercer o domínio sobre alguém, do mesmo modo que ninguém

---

6 A esta noção de liberdade justa possibilitada pela igualdade de condições Tocqueville contrapõe a liberdade aristocrática, a qual será sempre uma forma reduzida e deformada, posto que fundamentada na desigualdade e no privilégio.

deverá submeter-se servilmente a outrem. A liberdade de pensar e agir por si mesmo é um direito que cada cidadão exerce no seio da coletividade. Nenhuma vontade pode ser excluída da determinação pública, de modo que "a vontade soberana não pode emanar senão da união da vontade de todos" (Tocqueville 2004: 36). Ou, como Tocqueville observou na América, o corpo de cidadãos "reina sobre o mundo político como Deus sobre o universo. Ele é a causa e o fim de todas as coisas; tudo sai do seu seio e tudo se absorve nele" (*Id.* 1992: 63).

Seu compromisso é com a liberdade, mesmo que, nos novos tempos, ela não possa se estabelecer sem o apoio da igualdade. Apesar do seu entusiasmo juvenil, seu compromisso não é ingênuo, mas convive com a tensão entre a liberdade e a igualdade. Compreende que, entre o ponto extremo e o ponto em que a liberdade e a igualdade se tornam indissociáveis, existem "mil outras" (*Id.*, *ibid.*: 608) formas imperfeitas que a igualdade pode tomar estabelecendo-se na sociedade sem transparecer no mundo político. A democracia não é apenas um ideal, mas um estado social e político a ser construído. É preciso distinguir, portanto – nestas *mil outras* –, a democracia do despotismo, pois Tocqueville não admite que a igual submissão de todos a um déspota possa significar democracia. Na época em que estava redigindo o *Antigo Regime e a Revolução*, anotou em uma margem que o sentido das palavras democracia, instituições democráticas e governo democrático, "está intimamente ligado à ideia de liberdade política. Dar o epíteto de governo democrático a um governo onde a liberdade política não se encontra é um absurdo palpável, seguindo o sentido natural das palavras" (*Id.* 1985b: 198-9).

Em acordo om esta advertência de Tocqueville devemos admitir que não se pode falar propriamente de democracia[7] senão quando haja alguma confluência, mesmo que não tão perfeita, entre a liberdade e a igualdade. Pois, apesar das dificuldades de realizar-se este

---

7 "A democracia é a liberdade combinada com a igualdade" (Tocqueville 1990: 197).

102

ponto extremo, Tocqueville considera que igualdade de condições sociais e liberdade política exigem-se mutuamente. Pode-se admitir que a definição social e a definição política da palavra democracia são apenas dois modos diferentes de dizer a mesma coisa, implicando que "a distinção entre a sociedade civil e a instituição política não é fundamental", visto que não se distinguem um do outro senão "para realizar um mesmo projeto (...) que envolve a maior parte das ações humanas" (Manent 1987: 226).

CISÕES

Se Tocqueville afirma que "a igualdade pode estabelecer-se na sociedade civil e não reinar no mundo político" (Tocqueville 1992: 608), afirma também que esta cisão entre a liberdade e a igualdade tem consequências funestas. A consequência política, bastante discutida por seus intérpretes[8], é o surgimento de uma espécie nova de despotismo na qual, apesar de manter algumas formas aparentes de liberdade, a soberania do povo se faz compatível com um regime político no qual a liberdade do cidadão está banida ou, pelo menos, descaracterizada. Neste caso, afirma Tocqueville, "somos iguais a todos os nossos semelhantes, menos um, que é, sem distinção, o senhor de todos, e que toma igualmente entre todos, os agentes do seu poder" (*Id., ibid.*). Voltados à busca de seus interesses privados, os cidadãos abdicam de suas responsabilidades cívicas e se satisfazem em obedecer a um governo (seja da maioria, seja de uma elite qualquer) que fale em nome do povo: "consolam-se por ser tutelados, pensando que eles mesmos escolheram seus tutores" (*Id., ibid.*: 838).

---

8 Para maior aprofundamento deste tema indico: BOOESCHE, Roger. *The strange liberalism of Alexis de Tocqueville*. Ithaca, Cornell University Press, 1987; HEIMONET, Jean-Michel. *Tocqueville et le devenir de la démocratie: la perversion de l'ideal*. Paris, L´Harmartann, 1999 ; JASMIN, Marcelo. *Alexis de Tocqueville: a historiografia como ciência da política*. São Paulo: Humanitas, 2005; MANENT, Pierre. *Tocqueville et la nature de la démocratie*. Paris: Julliard, 1982; QUIRINO, Célia. *Dos infortúnios da igualdade ao gozo da liberdade*. São Paulo, Discurso, 2001.

Valer-se da liberdade apenas para indicar o seu senhor[9] e depois voltar à dependência cria, no âmbito político, duas classes antagônicas. De um lado, aqueles que "renunciaram inteiramente ao hábito de se dirigir a si mesmos" e de outro "aqueles que os devem conduzir" (Tocqueville, 1992: 840). Talvez não fosse tão grave se estas posições (a dos que renunciam e a dos que conduzem) se alterassem ao longo do tempo. O que ocorre, entretanto, é o oposto, é a permanência destas posições políticas em vista da desigualdade de condições sociais. Embora o governo despótico surja com o apoio do povo, não assemelha nem ao pátrio poder: este prepara o filho para a maioridade, aquele "só procura fixá-los [os homens] irrevogavelmente à infância" (*Id., ibid.*: 837):

> Depois de ter tomado cada indivíduo em suas poderosas mãos, e de o ter moldado à sua vontade, o soberano estende seus braços sobre a sociedade inteira; ele cobre sua superfície com uma rede de pequenas regras complicadas, minuciosas e uniformes, por meio das quais os espíritos mais originais e as almas mais vigorosas não conseguiriam vir à luz para ultrapassar a multidão; ele não quebra as vontades, mas as amolece, as dobra e as dirige; raramente força a agir, mas sem cessar se opõe aos que agem; não destrói, impede de nascer; não tiraniza, incomoda, comprime, enerva, extingue, desumaniza, e por fim reduz cada nação a não ser mais do que um rebanho de animais tímidos e industriosos, do qual o governo é o pastor (*Id., ibid.*)

Esta espécie de servidão que preserva a aparência de liberdade penetra e alastra-se por toda a sociedade. Isoladas e alijadas da participação política, as pessoas perdem o hábito de se considerarem em comum, desconhecem seus compromissos públicos, deixam de ser propriamente cidadãos.

A segunda consequência da cisão entre a liberdade e a igualdade é social. Se consideramos democracia em vista da confluência

---

9 "Em vão encarregaríamos aqueles mesmos cidadãos que tornamos tão dependentes do poder central de escolher de vez em quando os representantes desse poder; esse uso tão importante, mas tão curto e tão raro, do seu livre arbítrio. Não impedirá que percam pouco a pouco a faculdade de pensar, de sentir, e de agir por si mesmos, e que não venham a cair assim, gradualmente, abaixo do nível de humanidade" (Tocqueville 1992: 839).

entre igualdade de condições sociais e participação política como apresentamos acima, precisamos admitir que opressão política e exclusão social são, também, indissociáveis[10].

As viagens pelo velho mundo e a experiência como deputado contribuíram para Tocqueville ampliar suas observações e amadurecer suas ideias iniciais, aprofundando o vínculo entre a liberdade e a igualdade. À diferença dos "anglo-americanos", cuja situação social "eminentemente democrática" (Tocqueville 1992: 50) desde o nascimento da colônia se alastrou no mundo político sem esforço, os franceses do século XIX – e as nações europeias em geral – precisaram "abolir as instituições políticas (...) e substituí-las por uma ordem social e política mais uniforme e mais simples tendo por base a igualdade de condições" (*Id*. 2004: 68-69). Os europeus precisaram arrancar de si as instituições aristocráticas revogando costumes tradicionais, estendendo a participação e, sobretudo, enfrentando as condições sociais e econômicas que sustentavam as desigualdades moral e política.

Em que pese o grande esforço da Revolução Francesa para revogar a subordinação política existente no Antigo Regime tornando todos legalmente cidadãos, as condições econômicas e sociais não se alteraram na mesma medida. Em *O Antigo Regime e a Revolução* Tocqueville mostra como as condições econômicas mantiveram a hierarquia social e, em consequência, a dificuldade de acesso aos direitos políticos, à revelia da extinção de imunidades e privilégios. O grande feito da Revolução, afirma, "não foi o de dividir o solo, mas o de liberá-lo" (*Id., ibid.,* 2004: 74). Argumenta que as terras do clero e dos nobres, vendidas ou confiscadas pela Revolução, em sua maior parte "foram compradas por pessoas que já possuíam outras terras, de maneira que, se a proprieda-

---

10 Tendo em vista que uma leitura predominantemente liberal de Tocqueville prevaleceu entre seus intérpretes, as consequências deletérias da cisão entre a liberdade e a igualdade sobre os direitos sociais e econômicos foram frequentemente minimizadas. Esta forma de interpretar o pensamento tocquevilliano tem sido revisada com base, sobretudo, em seus escritos acadêmicos e políticos e relatos de viagens.

de mudou de mãos, o número de propriedades aumentou muito menos do que imaginamos" (Tocqueville 2004: 74). Passando da nobreza e do clero à burguesia, a propriedade da terra permaneceu restrita a um pequeno grupo. Os antigos servos, agora cidadãos não mais subordinados ao jugo dos seus senhores, tornaram-se os únicos proprietários de suas força-de-trabalho e liberados para apresentar suas habilidades no nascente mercado de mão de obra.

A igualdade de condições não se desenvolveu na França com a mesma harmonia que Tocqueville encontrou entre os anglo--americanos. Ainda em *O Antigo Regime e a Revolução* descreve longamente o espírito interesseiro e mesquinho que fez a burguesia enriquecida afastar-se do povo miúdo e isolar-se em pequenos grupos divididos e afastados uns dos outros. Embora as pessoas tenham "se tornado tão semelhantes que era difícil distingui-las umas das outras" (*Id., ibid.*: 134), os milhares de grupinhos que formavam a sociedade francesa já antecipavam o que chamou de individualismo[11]:

> aquele que pudesse sondar seus espíritos teria descoberto que as pequenas barreiras que dividiam pessoas tão semelhantes, lhes parecia tão contrárias ao interesse público quanto ao bom senso, e que teoricamente eles já adoravam a unidade. Cada um deles apegava-se a sua condição particular apenas porque os outros se particularizavam pela condição; mas estavam todos prontos a se confundir na mesma massa, desde que ninguém tivesse nada em separado, nem ultrapassasse o nível comum (*Id., ibid.*).

Embora o segundo tomo de *A Democracia na América* tenha sido escrito ainda no final da década de 30, já é fruto de uma série de novas vivências no velho mundo que contribuíram para que pudesse reelaborar as observações feitas na América do Norte. É por isso que no terceiro capítulo da segunda parte do segundo tomo

---

11 "O individualismo é um sentimento refletido e pacífico, que dispõe cada cidadão a se isolar da massa de seus semelhantes e a se afastar com sua família e seus amigos, de tal modo que, após ter criado para si, dessa forma, uma pequena sociedade para seu uso, abandona de bom grado a própria grande sociedade" (Tocqueville, 1992: 612).

de *A Democracia na América*, Tocqueville argumenta que o individualismo é ainda maior ao final de uma revolução democrática do que em uma sociedade onde a igualdade de condições se estabelece em harmonia com a liberdade. Se nas democracias a falta de vínculos obrigatórios favorece a que as pessoas se afastem umas das outras, naquelas "que se formam sobre os destroços de uma aristocracia" (Tocqueville 1992: 614) há verdadeira oposição entre uns e outros. Os antigos nobres veem, "em todos iguais que esta sociedade lhes dá, opressores cujo destino não poderia merecer simpatia" (*Id., ibid.*: 615); os antigos plebeus tornados cidadãos demonstram "presunçosa confiança em suas forças e (...) não têm escrúpulos em mostrar que só pensam em si mesmos" (*Id., ibid.*: 614).

Se não há vínculos que aproximem uns dos outros, por outro lado, na França pós-revolucionária, ninguém mais ousava crer em humanidades distintas[12] ou na inferioridade natural[13] de uns aos outros. Nada separava formalmente os cidadãos. As posições sociais e políticas já não dependiam de títulos de nobreza como ocorria no passado, mas a sociedade permanecia desigual. Abolidos os privilégios e direitos exclusivos da nobreza, a riqueza e a propriedade instituíram novamente a desigualdade, mas agora entre cidadãos.

VIOLAÇÕES

Apesar de Tocqueville considerar, com base em suas observações, que a oposição entre a liberdade e a igualdade é maior depois de uma revolução, jamais negou a existência de tensões nos Esta-

---

12 "Em um povo aristocrático, cada casta tem suas opiniões, seus sentimentos, seus direitos, seus costumes, sua existência à parte. Assim, os homens que a compõem não se parecem em nada uns aos outros; eles não têm a mesma maneira de pensar nem, e mal chegam a crer que fazem parte da mesma humanidade" (Tocqueville, 1992: 677).

13 Tratando da alteração nas relações entre empregado e patrão no estado democrático, Tocqueville afirma que "a lei e a opinião já proclamaram que não existe inferioridade natural e permanente entre o servo e o mestre", embora considere que, no fundo do coração, este ainda presuma ser "de uma espécie particular e superior" (Tocqueville, 1992: 697-698).

dos Unidos. No capítulo 20 do segundo livro do segundo tomo de *A Democracia na América*, argumenta que, a despeito de a democracia ter modificado as relações entre empregados e patrões, no âmbito da indústria há verdadeira oposição entre operários e industriais. Afirma que a divisão de trabalho produz duas classes sociais antagônicas. Por um lado, o artesão torna-se operário, especializa-se no cumprimento hábil de sua tarefa específica e conduz toda sua inteligência ao estudo de um só detalhe; por outro lado, homens ricos e esclarecidos dirigem as indústrias, especulam sobre a matéria prima, analisam a qualidade dos produtos, examinam o mercado e administram os operários. Segundo Tocqueville "cada vez mais um se assemelha ao administrador de um vasto império, o outro a um bruto" (Tocqueville 1992: 673).

Depois de assim descrever as relações de trabalho que se desenvolvem nas indústrias do país mais democrático de sua época, Tocqueville afirma que aí, por um caminho "tortuoso" (*Id., ibid.*: 671), pode se originar uma nova forma de aristocracia. Embora ricos e pobres sejam ambos cidadãos, industrial e operário nada mais têm que os assemelhe. O interesse nem sempre os aproxima e frequentemente os separa. A dependência que os vincula não ultrapassa a porta da fábrica, para além dela cada qual está à mercê da própria sorte:

> O operário depende, em geral, dos patrões, mas não de tal patrão. Os dois homens se veem na fábrica, mas não se conhecem noutros lugares; e, embora se toquem em um ponto, permanecem muito distantes em todos os outros. O industrial não pede ao operário senão o seu trabalho, e o operário não espera dele senão o salário (*Id., ibid.*: 674).

O que busca esta nova aristocracia não é a honra, mas a riqueza, não quer governar o povo, "mas servir-se dele" (*Id., ibid.*: 675). E, conclui Tocqueville algumas linhas abaixo, esta nova forma de aristocracia nascida da indústria é muito mais desumana do que a aristocracia do Antigo Regime, porque, "depois de ter empobrecido e embrutecido os homens dos quais se serve, os entrega, nos tempos de crise, à caridade pública para sustentá-los" (Tocqueville 1992: 675).

A questão social ganha maior centralidade no pensamento político tocquevilliano quando, nas viagens que faz à Inglaterra e Irlanda (1833 e 1835), observa as condições paupérrimas nas quais camponeses e operários viviam no início do século XIX na velha Europa. A exclusão, tanto do acesso a bens materiais quanto a inexistência de segurança social, torna patente a exigência de riqueza como requisito ao gozo de inúmeros outros direitos. No primeiro *Ensaio sobre o Pauperismo*, redigido entre janeiro e abril de 1835, antes de sua segunda viagem, Tocqueville discute o crescimento do pauperismo em sua época. Para isso investiga o desenvolvimento das sociedades humanas ao longo do tempo e confronta as sociedades industrializadas e ricas com sociedades ainda rurais e pobres. Apesar das importantes diferenças entre as sociedades feudais e as sociedades rurais e pobres do século XIX no que diz respeito à propriedade da terra, ao modo de produção, às relações entre nobre/servo e patrão/empregado, a pobreza é uma forte semelhança entre ambas. Entretanto, a pobreza daquelas antigas sociedades está muito mais alastrada por todas as camadas sociais e é menos insidiosa. O cultivo da terra permite a todos o mínimo para sobrevivência e a dureza das condições inviabiliza o luxo. A pobreza no século XIX, ao mesmo tempo em que oferece às classes altas o luxo, aprofunda-se fazendo do pobre um miserável.

O confronto entre as diferentes sociedades lhe oferece um espetáculo extraordinário muito intrigante: "Os países que parecem os mais miseráveis são aqueles que, na realidade, contam com menor número de indigentes, e os povos nos quais admiras a opulência, uma parte da população é obrigada, para viver, a recorrer a donativos do outro" (*Id.* 1991: 1155). A explicação a este fenômeno não é trivial. Seguramente a concentração da riqueza (seja de renda, seja de meios para a produção) é uma causa fundamental, mas não é a única. A ela se somam dois fenômenos próprios dos novos tempos: de um lado, uma igualdade formal entre as pessoas, que as torna responsáveis por si mesmas, independentemente de qualquer senhorio, mas não é acompanhada de políticas públicas de inclusão dos desfavorecidos; e, de outro, uma desigualdade real, que cresce com a possibilidade de produzir o conforto, o luxo, supérfluo à sobrevivência, a qual é tornada uma verdadeira necessidade para a vida dos burgueses e objeto de desejo inalcançável pelas classes baixas que o produzem. O que temos aqui, claramente diagnosticado por Tocqueville, é uma profunda oposição entre duas classes, não mais entre nobres e plebeus, mas entre ricos e pobres:

> O dinheiro é o verdadeiro poder. (...) Concedeu-se à riqueza o que lhe cabe naturalmente, e também o que não lhe cabe. A riqueza deu o usufruto material, o poder, e também a consideração e a estima, o prazer intelectual. Em todos os países parece uma infelicidade não ser rico. Na Inglaterra torna-se uma desgraça ser pobre. A riqueza desperta de uma só vez a ideia de felicidade e todas as ideias acessórias de felicidade; a pobreza, ou mesmo a mediocridade, a imagem do infortúnio e todas as ideias acessórias do infortúnio. Cada um dos aspectos da alma humana tende imediatamente para a aquisição de riquezas (Tocqueville 1991: 512-513).

O comentário acima, redigido a 7 de julho de 1835 em Dublin, apenas confirma o que já havia escrito um mês antes: "toda a sociedade inglesa está construída sobre o privilégio do dinheiro" (*Id., ibid.*: 478), após presenciar – ainda em Londres – um diálogo entre Sr. Senior e Sr. Revans. Nesta ocasião, redige uma anotação intitulada *privilégios da riqueza*[14], na qual faz uma lista de cargos, posições e direitos civis para os quais a riqueza tornou-se indispensável. Afirma que é preciso ser rico para ser ministro, para ser juiz de paz, prefeito, para ser membro Câmara dos Comuns, para ser advogado, juiz e eclesiástico e mesmo para ser litigante, pois sempre é preciso dispor de dinheiro para arcar com os custos da

---

14 Tocqueville. *Oeuvres*. T. I, p. 478.

representação, das eleições, da educação e mesmo para sustentar um processo nas cortes de justiça. E conclui:

> os ingleses deixaram aos pobres apenas dois direitos: o de ser submetido à mesma legislação que os ricos e de igualar-se a eles adquirindo riqueza igual. Entretanto, esses dois direitos são mais aparentes do que reais, pois é o rico que faz a lei e que cria, em seu proveito ou de seus filhos, os principais meios de adquirir a riqueza (Tocqueville 1991: 479).

Embora a aristocracia inglesa tenha mantido formas de participação popular na administração das localidades[15], integrando o povo nas questões comuns e lhes conferindo um sentido de pertencimento e responsabilidade, a concentração de propriedade e riquezas e a industrialização nascente empurram as pessoas do campo para as cidades e precarizam as condições econômico-sociais. A situação miserável dos trabalhadores, sobretudo nas grandes cidades industriais da Inglaterra e nos campos da Irlanda, impressionou Tocqueville.

Os camponeses, liberados de suas obrigações feudais, se encontram agora à mercê não mais dos nobres, mas dos grandes proprietários de terras, cujo espírito industrial determina sua perspectiva e suas decisões. As profundas transformações ocorridas como consequência do desenvolvimento científico-tecnológico que aperfeiçoaram técnicas e máquinas para a produção rural concorreram para a concentração de terras e para a produção em larga escala. O trabalhador sem terra torna-se um boia-fria, vende seu trabalho nos meses de plantio ou colheita e ao fim do salário fica desassistido. Muitos migram para a cidade em busca de trabalho na indústria nascente. Contando apenas consigo mesmos e sem qualquer qualificação fazem o que for preciso. No século XIX a situação dos trabalhadores era absurda: as jornadas de trabalho

---

15 Ver, por exemplo, as anotações de Tocqueville de sua conversa com o Sr. Sharpe em 08/06/1835, sobre a organização política, paróquia e condados, in: Tocqueville, 1991: 480-489.

chegavam a 16 horas por dia, crianças eram admitidas nas fábricas com menos de 8 anos de idade, crianças e mulheres eram preferidas em relação aos homens porque ganhavam menos e eram mais dóceis à rotina e às imposições dos patrões, mulheres grávidas não tinham qualquer auxílio até dar à luz e depois, frequentemente, eram dispensadas do trabalho. O ambiente laboral era tão insalubre quanto suas condições de vida, não havia proteção à saúde, nem aposentadoria, nem acesso à educação.

A cidade de Birmingham, ainda próxima a Londres (cerca de 190 quilômetros a noroeste), é descrita por Tocqueville como "uma imensa oficina, uma grande forja, uma vasta loja" (Tocqueville 1991: 490) onde as pessoas trabalham freneticamente preocupadas apenas em ganhar dinheiro. Pequenas indústrias e oficinas, onde os operários trabalham junto com seus patrões na produção de ferro, aço e cobre, empregam preferencialmente homens, de modo que pouco se vê pelas ruas pessoas desocupadas. Ainda que Tocqueville não trate disso, é possível imaginar que as mulheres estariam ocupadas com os cuidados da família e prendas domésticas com as quais também poderiam alcançar alguma renda. A situação é bastante diferente em Manchester (cerca de 350 quilômetros a noroeste de Londres): são milhares de operários pobres e apenas alguns grandes capitalistas da indústria têxtil, que empregam prioritariamente mulheres e crianças. Situação ainda agravada com a migração de irlandeses, cujo excesso de mão de obra diminui ainda mais os salários e degrada as condições de vida dos operários, ao mesmo tempo em que eleva os lucros e luxos dos poucos industriais. A cidade de Manchester oferece a Tocqueville a visão nítida da oposição das condições sociais existente entre operários e industriais:

> É no meio desta cloaca infecta que o maior rio da indústria humana nasce e vai fecundar o universo. Deste esgoto imundo escoa ouro puro. É aí que o espírito humano se aperfeiçoa e se embrutece, que a civilização produz suas maravilhas e que o homem civilizado volta a ser quase selvagem (*Id., ibid.*: 504).

A situação social e política francesa não é melhor. Desde as jornadas revolucionárias em Paris, em julho de 1830, que destituíram Carlos X e levaram Louis-Philippe de Orleans ao trono, a burguesia ascendeu ao governo e tornou-se dominante[16]. No primeiro capítulo de suas *Lembranças de 1848* afirma que a classe média,

> tendo se aquartelado no poder, e em seguida no seu egoísmo, o governo tomou um ar de indústria privada, cada um de seus membros só pensava nos assuntos públicos para dirigi-los em benefício de seus negócios privados, esquecendo facilmente em seu pequeno bem-estar das pessoas do povo (Tocqueville 2004: 729).

Em que pesem às diversas revoltas populares e ao crescimento da luta operária, as necessidades da população jamais foram consideradas seriamente pela *Monarchie de Juillet*. Esta foi a principal causa de sua ruína. No final de 1847 a questão social era premente. Convicto de que o país se encontrava dividido desigualmente em dois (o lado de cima e o de baixo), alguns meses antes das jornadas de 48, Tocqueville redigiu algumas páginas sobre a classe média e o povo[17], que deveriam ser a introdução a um manifesto de um pequeno grupo de parlamentares de oposição ao monarca e aos conservadores pela completa falta de uma política social na França. Nestas páginas, expressa sua preocupação com as conse-

---

16 "Neste mundo político assim composto e conduzido, o que mais faltava era a própria vida política. Ela quase não podia nascer e se sustentar no círculo legal que a Constituição havia traçado. A antiga aristocracia estava vencida, o povo estava excluído" (Tocqueville, 2004: 732). Na nota 3, da p. 39, da edição brasileira de *Lembranças de 1848* (São Paulo, Cia. das Letras, 1991), Renato Janine Ribeiro lembra que Louis-Philipe mantém a Constituição outorgada por Louis XVIII em 1814, a qual, embora de feição liberal, limitava o direito ao sufrágio àqueles que pagavam certo valor de impostos.

17 O fragmento intitulado *De la classe moyenne et du peuple*, está publicado em: Tocqueville. *Oeuvres*. T. I. Paris, Gallimard, 1991, sob a direção de André Jardin com a colaboração de Françoise Mélonio e Lise Queffélec. Os editores, em nota, explicam que ao final da "monarquia de julho", um grupo de políticos ligados a Dufaure, entre os quais Tocqueville, prepara um manifesto a fim de lançar um novo partido político, a "jeune gauche". O pequeno fragmento aqui citado seria uma das contribuições de Tocqueville ao manifesto. Sobre o tema veja também o verbete *Jeune Gauche* in Benoît. Dictionnaire Tocqueville. Paris, Nuvis, 2017.

quências políticas do triunfo da burguesia industrial. Contrariado com o surgimento da nova divisão interna à sociedade, observa que a classe média enriquecida, alçada ao poder, governa o estado conduzindo os assuntos públicos ao atendimento de seus interesses privados à revelia das necessidades do povo. O que incomoda Tocqueville não é apenas a mediocridade e ganância da burguesia, mas a perpetuação de privilégios que restauram, na França pós-revolucionária, a cisão entre duas classes e a opressão de uma sobre a outra.

Na falta dos privilégios senhoriais da antiga aristocracia, a propriedade privada tornou se origem e fundamento de quase todos os direitos na França da *Monarchie de Juillet*: "a Revolução tinha abolido todos os privilégios e destruído todos os direitos exclusivos. Deixou, porém, subsistir um, o da propriedade." (Tocqueville 1991: 1123). Tocqueville quase pode prever[18] que esta condição de pobreza do povo e da falta de políticas públicas para acolher e inserir social e politicamente a população será o estopim para as Jornadas de 1848.

Seja no novo mundo, ou na velha Europa, na zona rural ou urbana, as novas condições de trabalho recolocam as pessoas em campos opostos e encarregam-se, mais uma vez, de promover a desigualdade entre as pessoas e a subordinação de umas às outras:

> É em vão que as leis e os costumes tomaram o cuidado de romper em volta de tal homem todas as barreiras e atribuir-lhe por todos os lados mil caminhos diferentes para a fortuna; uma teoria industrial mais poderosa que os costumes e as leis o fixaram a um ofício e, não raro, a um lugar que ele não pode deixar. Atribuiu na sociedade certo lugar do qual não pode sair. No meio do movimento universal, tornou-o imóvel. À medida que o princípio da divisão do trabalho recebe uma aplicação mais completa, o operário se torna mais frágil, mais limitado e mais dependente (*Id., ibid.*: 672).

---

18 "Aí, via aparecer muitos dos sinais que normalmente anunciam a aproximação das revoluções" (Tocqueville 2004: 734)

A fixidez das posições antagônicas viola a democracia[19]. Não importa se as pessoas são fixadas a uma posição social ou política, estas não se distinguem. Inferiorizada socialmente a pessoa não participa igualmente no âmbito político; oprimida politicamente, não tem acesso à decisões que possam favorecer o seu desenvolvimento social. Ainda que a perfeita harmonia entre a igualdade e a liberdade seja uma tendência ideal, Tocqueville recusou-se a chamar "democrático" um estado baseado na inferiorização e na subserviência de uns aos outros. Não há democracia onde a igualdade não passe de um arremedo formalista que assegura a uns poucos a posição privilegiada do exercício do poder. Inclusão social e participação política são supostos para a democracia.

INDISSOCIABILIDADE ENTRE DIREITOS SOCIAIS E POLÍTICOS

Os relatos de viagens, escritos políticos e acadêmicos de Tocqueville evidenciam que a miséria e a exclusão dos cidadãos são dificuldades coletivas e não meramente pessoais, razão pela qual não devem ser tratadas como infortúnio pessoal, mas como um problema social e político.

Os remédios aos males do estado democrático não são exteriores a ele, implicam, pelo contrário, o fortalecimento das relações democráticas. Em seus textos e em sua atuação política, Tocqueville afirma que cabe ao governo assegurar as condições econômico-sociais de igualdade para que os direitos civis e políticos não sejam mera formalidade vazia de realidade; mas também convoca o conjunto dos cidadãos a zelar para que os direitos econômico--sociais sejam compatíveis com o respeito aos princípios de liberdade democrática sobre o qual assenta-se a vida pública. Por um lado, cabe ao Estado dirigir o processo de inclusão criando leis e

---

19 Há algo de semelhante entre esta situação observada por Tocqueville no século XIX e a situação brasileira, cuja vida social e política é marcada pela desigualdade que penetra todas as esferas e tem raízes profundas nos privilégios, nos costumes e nos preconceitos.

políticas públicas de proteções aos cidadãos vulneráveis. Reforma agrária, cooperativas de pequenos produtores rurais, crédito ao pequeno industrial, leis trabalhistas que limitem a jornada de trabalho, assistência social ao desempregado e ao idoso, educação pública universal, são exemplos[20] de ações do Estado que Tocqueville considera necessárias para bem integrar os cidadãos no Estado. Por outro lado, cabe aos próprios cidadãos se organizarem para buscar, livremente, soluções aos problemas comuns. É neste sentido que Tocqueville recomenda a descentralização administrativa como um eficiente meio de assegurar a ampliação do espaço da ação pública, cuja principal vantagem não é a eficiência ou a boa organização administrativa, mas "os seus efeitos políticos" (Tocqueville 1992: 105)

É na ação, muito mais do que nas estruturas legais e institucionais, que Tocqueville encontra a vitalidade do estado democrático. Ainda que admita que a inclusão social seja um suposto para a cidadania, ele não nos autoriza a pensar que o gozo de direitos civis e políticos devam ser restritos àqueles que já ultrapassaram a condição de exclusão social e econômica, pois tais restrições implicariam a tutoria de uns sobre outros. O processo de construção de direitos civis, políticos, sociais e econômicos exige o engajamento dos próprios cidadãos envolvidos, exige também procedimentos jurídicos e instituições do estado que assegurem os ganhos sociais e políticos, ao mesmo tempo em que confiram estabilidade à democracia. Liberdade e igualdade, princípios da democracia, não estão dados. São históricos, dinâmicos, precisam ser construídos. Tarefa difícil, incerta, sujeita à ação humana e, por isso mesmo, aberta ao inusitado.

---

20 Vários destes exemplos são encontrados nos *Ensaios sobre o pauperismo* de Tocqueville.

Refêrencias bibliográficas

ANDÚJAR, Antonio Hermosa. Democracia y pobreza en Tocqueville. In: TOC-QUEVILLE. *Memorias sobre el pauperismo*. Madrid, Trotta, 2003.

BENOÎT, Jean-Louis. **Dictionnaire Tocqueville**. Paris, Nuvis, 2017.

____. *Reflexions tocquevillienne sur un paradoxe démocratique*. http://classiques.uqac.ca/contemporains/benoit_jean_louis/reflexions_tocquevilliennes/reflexions_tocquevilliennes.pdf

BONNE ANNEE, Jean Bosco. *La categorie d'égalité dans da pensée politique d' Alexis de Tocqueville*. Tese de Doctorat en Philosophie. Universite Pontificale Urbanienne.

BOESCHE, Roger. *The strange liberalism of Alexis de Tocqueville*. Ithaca, Cornell University Press, 1987.

BRESSOLETTE, Michel. Tocqueville et le pauperisme. L'influence de Rousseau. *Annalles de la Faculté de Letres et Sciences humaine de Toulouse*. Tome XVI, Juin 1969.

BROGAN, Hugh. *Alexis de Tocqueville, o profeta da democracia*. Rio de Janeiro, Record, 2012.

____. Pauperism and democracy. Alexis de Tocqueville and Nassau Senior. In: NOLLA, Eduard. *Liberty, Equality, Democracy*. New York, New York Universty Press.

CAPDEVILA, Nestor. *Tocqueville et les frontière de la democracie*. Paris, PUF, 2007.

____. Marx ou Tocqueville : capitalismo ou democracia. *Actuel Marx*. 46, 2009.

DROLET, Michael. *Tocqueville, democracy and social reform*. Hampshire, Palgrave Macmillan, 2003.

GIBERT. Fragile et nécessaire démocratie. *Projet*. n. 51, p. 5 - 16, 1971.

GOLDSTEIN, Doris. Alexis de Tocqueville's concept of citizenship. *Proceedings of the American Philosophical society*. n. 108, p. 39 - 53, 1964.

HEIMONET, Jean-Michel. *Tocqueville et le devenir de la democratie: la perversion de l'ideal*. Paris, L'Harmattan, 1999.

HUNT, Lynn. *A invenção dos direitos humanos: uma história*. São Paulo, Cia das Letras, 2009.

JAUME, L. TROPER, M. *1789 et l'Invention de la Constitution*. Paris, Bruylant, 1990

KESLASSY, Érick. *Le liberalisme de Tocqueville à l'épreuve du paupérisme*. Paris, L'Harmattan, 2000.

LIVELY, Jack. *The social and political thought of Alexis de Tocqueville*. Oxford, Clarendon Press, 1962.

MÉLONIO, Françoise. 1848: la république intempestive. In: FURET; OZOUF (orgs). *Le siècle de l'avénement républicaine*. Paris, Gallimard, 1993.

____. *Tocqueville et les français*. Paris, Aubier, 1993.

MORILLO, David Carrión. *Tocqueville la libertad política en el estado social*. Madrid, Delta, 2007.

ROSS, Juan Manuel. Individuo y ciudadano: la question del sujeto en *La democracia en America* de Tocqueville. *Arbor.* Vol. 187, n 750, julio-agosto 2011.

SAUQUILLO, Julian. El descubrimiento de la democracia: la modernización y el agotamiento de la imaginación. *Arbor.* Vol. 187, n. 750, julio-agosto, 2011.

SCHLEIFER, James. *Cómo nació "la democracia en América" de Tocqueville.* México, Fondo de cultura Económica, 1984.

TOCQUEVILLE, Alexis de. *Oeuvres.* T I. (*Écrits politiques et académiques*). Paris, Gallimard (Bibliothèque de la Pléiade), 1991.

____. *Oeuvres.* T. II. (*De la democratie en Amerique*). Paris, Gallimard (Bibliothèque de la Pléiade), 1992.

____. *Oeuvres.* T.III. (*Etat social et politique de la France avant et depuis 1789 ; L' ancien regime et la revolution ; Considerations sur la Révolution ; Souvenirs*). Paris, Gallimard (Bibliothèque de la Pléiade), 2004.

____. *Oeuvres Complètes.* T III. (*Écrits et discours politiques*). Vol. 1, Paris: Gallimard, 1985a.

____. *Oeuvres Complètes.* T III. (*Écrits et discours politiques*). Vol. 2, Paris: Gallimard, 1985b.

____. *Oeuvres Complètes.* T III. (*Écrits et discours politiques*). Vol. 3, Paris: Gallimard, 1990.

____. *Oeuvres Complètes.* T. XVI. (*Mélanges*). Paris : Gallimard, 1989.

____. *Textes économiques:* Anthologie critique par Benoît et Keslassy. Paris: Pocket, 2005

WELCH, Cheryl (Org.). The Cambridge Companion to Tocqueville. Cambridge, Cambridge University Press, 2006.

A questão do pauperismo no pensamento de Tocqueville[1]

JUAN MANUEL ROSS

Introdução

Desde seu redescobrimento na década de sessenta do século passado, o pensamento de Alexis de Tocqueville vem recebendo numerosos reconhecimentos por parte dos estudiosos da ciência social e, mais recentemente, dos da filosofia política. A este respeito, se destacam, entre outros aspectos de interesse, sua contribuição ao desenvolvimento da teoria sociológica[2], a originalidade de sua metodologia investigadora[3], sua desmistificadora interpretação histórica da Revolução francesa[4], sua lúcida reflexão política sobre a democracia moderna através do exemplo estadunidense[5], seu trabalho pioneiro sobre a questão penitenciaria[6] e seu valor

---

1 Tradução de Helena Esser dos Reis.

2 Assim, por exemplo, R. Aron. *Les étapes de la pensée sociologique*. Paris : Gallimard, 1967.

3 Sobre esta questão versa o pormenorizado estudo de J.M. SAUCA. *La ciencia de la asociación de Tocqueville. Presupuestos metodológicos para una teoría liberal de la vertebración social*. Madrid: Centro de Estudios Constitucionales, 1995.

4 Especialmente a partir de F. FURET. *Penser la Revolution Française*, Paris: Gallimard, 1978.

5 São numerosos os trabalhos dedicados a este assunto. Entre eles podemos destacar os de J. C. LAMBERTI. *Tocqueville et les deux démocracies*. Paris: PUF, 1983 ; P. MANENT. *Tocqueville et la nature de la démocracie*. Paris: Fayard, 1993; M. SANDEL. *Democracy's Discontent*. Cambridge: Cambridge University Press, 1996; E. NOLLA. «Introducción» à edição crítica de *La Democracia en America*. Madrid: Aguilar, 1988, p. XXV-LXXXV; e H BÉJAR. "Alexis de Tocqueville: la democracia como destino" In: F. VALLESPÍN (org.) *Historia de la teoría política*. Madrid: Alianza, 1991, tomo 3, p. 299-338.

6 Sobre este tema pode consultar-se o "Estudio preliminar, traducción y notas" de J. SAUQUILLO e J. M. ROSS. *Del sistema penitenciario en Estados Unidos y su aplicación en*

como fonte de inspiração para a correção da democracia liberal a partir de uma visão republicana da sociedade civil[7].

Ao lado dos referidos reconhecimentos, não faltaram polêmicas sobre sua desconcertante posição ideológica, a qual se move entre as tensões de sua filiação aristocrática, seu apaixonado liberalismo e sua devoção intelectual pela democracia. Neste sentido, nos encontramos com múltiplos e diferentes qualificativos entre os intérpretes, não sempre livres de parcialidades e inclusive com o propósito de "apropriação ideológica", os quais oscilam entre o de "conservador aristocrático" ao de "libertário civil", passando pelos de "liberal estranho", "liberal republicano" e um longo etecetera[8].

Frente a tal estado de coisas, parece que qualquer questão sobre a obra de Tocqueville já foi amplamente tratada, discutida e incorporada ao acervo da disciplina acadêmica correspondente e que resulta, portanto, praticamente impossível acrescentar alguma novidade aos numerosos aportes de seus mais acreditados estudiosos e/ou especialistas. No entanto, podemos citar a propósito um aspecto do pensamento tocquevilliano que, a meu juízo, não foi suficientemente atendido pelos intérpretes e cuja exposição se encontra, principalmente, em um destes pequenos textos considerados à primeira vista como "menores" no conjunto de sua obra. Referimo-nos a sua reflexão econômico-política sobre um dos problemas-chave do seu tempo e que segue preocupando muito especialmente ao nosso: a saber, a aparição de uma massiva e nova forma de pobreza – o chamado "pauperismo" – na incipiente

---

Francia de A. de Tocqueville y G. de Beaumont. Madrid: Tecnos, Colección Clásicos del pensamiento, 2006.

7 Sobre esta linha interpretativa cabe mencionar a A. RENAULT. "La discussion républicaine du liberalisme moderne" In: A. RENAULT (org.). *Histoire de la philosophie politique*. Paris: Calmann-Lévy, 1999, tomo 4, p. 317-359; B. BARBER. *Un lugar para todos. Como fortalecer la democracia y la sociedad civil*. Barcelona: Critica, 2001; e S. AUDIER. "Tocqueville et la tradition républicaine" In: R. LEGROS (org.) *Tocqueville. La démocracie en questions*. Caen: Presses Universitaire de Caen, 2008, nº 44, p. 171-245.

8 Veja, a este respeito, a relação de qualificativos que recolhe E. NOLLA. *Op. Cit.* p. LXI.

sociedade industrial e capitalista. A análise desse problema e seus remédios constitui o assunto principal do pequeno texto intitulado *Ensaio sobre o pauperismo*, que foi publicado em 1835 pela Sociedade Acadêmica de Cherbourg, e sua continuação, ou seja, o *Segundo Ensaio sobre o pauperismo*, escrito em 1837 e não concluído, inédito durante a vida de Tocqueville[9].

É verdade que alguns intérpretes do pensamento tocquevilliano incluem em seus trabalhos referências sobre a importância deste texto, escrito entre a 1ª e a 2ª parte de *A Democracia na América*, mas, na minha opinião, sem analisá-lo com a profundidade que merece. Assim, pois, limitam-se a assinalar a influência – sobretudo no estilo – de Rousseau[10], a ressaltar sua crítica meramente psicológica e pré-marxista à economia capitalista[11], a constatar sua presença sub-reptícia em alguns capítulos da 2ª parte de *A Democracia na América*[12], a indicar o carácter antes fragmentário de sua análise sociológica sobre a "questão social"[13], ou ainda, finalmente, a somar-se a uma opinião bastante difundida entre os comentadores de Tocqueville, segundo a qual ele apenas se ocupou, sem compreender toda a profundidade e alcance a importância decisiva do desenvolvimento econômico capitalista em sua reflexão sobre a democracia moderna[14]. Pode ser que o ponto forte do pensamento tocquevilliano não fosse a economia,

---

9 O 1º e 2º *Mémoire sur le pauperisme* encontram-se na *Oeuvres Complètes* de Tocqueville editadas em Paris: Gallimard, tomo XVI (1989), p. 117-161. Há tradução castelhana com estudo introdutório e notas de J. M. ROSS em Madrid: Tecnos, Colección Clasicos del Pensamiento, 2003, da qual retiram-se as citações do presente artigo.

10 Por exemplo, M. BRESSOLETTE. "Tocqueville et le pauperisme. L'influence de Rousseau ». *Annales de la Faculté des Lettres et Sciences Humaines de Toulouse*, nº XVI, 1969, p. 67-78.

11 É o caso de S. DRESCHER. *Dilemmas of democracy (Tocqueville and modernization)*. Pittsburg: University of Pittsburg Press, 1968.

12 J.C. LAMBERTI. *Op. Cit.* p. 227 ss.

13 J. M. SAUCA. *Op. Cit.* p. 178.

14 Assim, por exemplo, A. LECA. *Lecture critique d'Alexis de Tocqueville*. Marseille : Press Univrsitaires d'Aix-Marseille, 1988, p. 626 ou L. GUELLEC. *Tocqueville. L'Apprendisage de la liberté*. Paris: Michalon, 1996, p. 48.

posto que sua grande capacidade analítica e seus extraordinários dotes visionários não conseguiram vislumbrar com clareza certas tendências importantes do futuro industrialismo capitalista, como, por exemplo, a consequente extensão da pobreza nas sociedades subdesenvolvidas e provedoras de matérias primas, a melhora das condições econômicas de uma ampla camada da população trabalhadora que se converte em uma classe média situada entre ricos e pobres, a capacidade do sistema capitalista para sobreviver em que pesem suas contradições em matéria de crescimento econômico, etc. Entretanto, ainda em um texto de temática complicada, controvertido e inacabado como este, o gênio tocquevilliano está presente, pois o que no fundo preocupa nosso autor – e que os referidos intérpretes não levam, a meu juízo, suficientemente em conta – não é o crescimento da economia capitalista, mas a análise da novidade da realidade econômica a partir da perspectiva da razão prática, ou seja, em sua íntima relação com aspectos normativos de índole moral e política. E, neste sentido, seu desacordo com a justificação utilitarista do livre mercado, sua crítica ao assistencialismo paternalista do Estado e sua proposta de remédios para a resolução da pobreza inspirados no potencial democrático da sociedade civil, fazem com que sua reflexão se torne sumamente interessante e instrutiva para os novos tempos capitalistas que correm. Por estas e outras razões, que detalharemos mais adiante, pensamos que os *Ensaios sobre o pauperismo* merecem ser revisitados.

I. As causas do pauperismo

A estrutura do *Ensaio sobre o pauperismo* é tipicamente representativa da abundante literatura sobre a questão que se produziu ao longo de todo o século XIX. Assim, sua composição segue uma lógica precisa inspirada no modelo médico. Trata-se, em primeiro lugar, de constatar o fato problemático da pobreza massiva (os "sintomas" desta nova "patologia social") para passar, a seguir, à determinação de sua origem e principais causas (isto é, a avaliar a natureza do mal para melhor estabelecer o seu "diagnóstico") e, finalmente, à proposição e discussão de soluções oportunas para combatê-lo (se prescreve, por conseguinte, o tratamento ou "terapia" mais apropriada para sua cura). De acordo com este modelo o *1° Ensaio sobre o pauperismo* começa com a constatação de uma espécie de fato paradoxal, que marcará, como indica R. Castel[15], o pensamento social do século dezenove em contraste com o otimismo liberal-positivista sobre a influência favorável da industrialização capitalista no progresso da sociedade moderna: o pauperismo é proporcionalmente maior nas sociedades ricas e industrializadas, como a Inglaterra, do que nas sociedades mais pobres do sul europeu. Algo parecido ocorre ao compararmos os diferentes departamentos no interior de um mesmo país como no caso da França. Assim pois – observa Tocqueville –, na Inglaterra da Revolução Industrial, que vê aumentar consideravelmente sua riqueza global, "uma sexta parte da população necessita da caridade pública para poder subsistir"[16]. Uma nova e massiva classe de indigência é o corolário do crescimento industrial capitalista. Eis aqui, portanto, uma das mais graves contradições no rumo que seguem as sociedades modernas: o aumento da prosperidade geral devido aos avanços da indústria não vai acompanhado do correspondente progresso em matéria de justiça social. Como explicar este paradoxo? É a desigualdade o motor necessário, e o contraste entre a opulência e a miséria é o resultado inevitável do crescimento econômico? Não se pensava que a história das sociedades, em nome da modernidade, constituía um movimento progressivo e continuado de erradicação da miséria no mundo? Como se pode entrever, e detalharemos na continuação, nosso autor segue em sua reflexão uma orientação bem diferente da de muitos filantropos e

---

15 CASTEL, R. *Las metamorfosis de la cuestión social*. Barcelona: Paidós, 1997, p. 218s.

16 TOCQUEVILLE, A. de. Memoria sobre el pauperismo. p. 4.

não menos de economistas liberais da época, que pensavam que o pauperismo se devia, fundamentalmente, à falta de capacidade e/ou à frouxidão moral do indigente em relação ao trabalho (ignorância, imprevisão, preguiça, maus costumes, conduta desviada etc.)[17].

A fim, pois, de encontrar as causas profundas desta paradoxal correlação que se dá entre o crescimento econômico industrial e o aumento da pobreza, Tocqueville nos oferece um quadro histórico-filosófico do nascimento e evolução da civilização cujo paralelismo com o *Discurso sobre a origem e os fundamentos da desigualdade entre os homens de J.J. Rousseau* é mais do que evidente, apesar de suas diferenças na linha argumentativa e nas conclusões.

Tocqueville começa sua dissertação sobre o pauperismo com a análise do estado primitivo da sociedade, na qual a vida dos homens, ainda selvagens, nômades e caçadores, se reduzia à consecução do necessário para poder subsistir. Com efeito,

> Um abrigo contra as inclemências do tempo, uma alimentação suficiente: tal é o objeto de seus esforços. Seu espírito não vai além destes bens, e se os obtêm sem dificuldade, se consideram satisfeitos com sua sorte e se comprazem em seu ócio cômodo[18].

A pobreza, pois, não pode existir quando os desejos se confundem com as necessidades, e estas se limitam à mera sobrevivência. Tampouco a desigualdade pode se estabelecer de forma permanente entre eles porque não existiam outras diferenças mais importantes que as físicas impostas pela natureza.

---

17 Sobre este ponto, insiste o interessante trabalho de KESLASSY, E. Le libéralisme de Tocqueville à l'épreuve du pauperisme. Paris: Harmattan, 2000. p. 135-137, 265-271, que questiona, a meu juízo, a etiqueta de « pensador liberal » que usualmente se atribui a Tocqueville sem maiores precisões. Neste sentido, deve-se ter em conta que o próprio Tocqueville já qualificou a si mesmo como um "liberal de uma nova espécie", para separar-se de todos aqueles que identificavam o liberalismo com a defesa resoluta da doutrina econômica do livre mercado.

18 A. de Tocqueville, *Memoria sobre el pauperismo*, p. 6.

Porém, ao passar da sociedade de uma economia de subsistência para uma economia de produção, graças ao descobrimento da agricultura, se produz um primeiro e fundamental movimento de diferenciação entre os homens. A instituição da propriedade territorial e o espírito de conquista militar originam a desigualdade e, com ela, os homens se dividem em duas categorias sociais: uma maioria que subsiste a duras penas cultivando a terra sem possuí--la e uma minoria privilegiada que a possui e vive de suas rendas sem cultivá-la. Nesta ordem social aristocrática, cuja consolidação no sistema feudal tem lugar ao longo da Idade Média, a riqueza, os conhecimentos e o poder se concentram em poucas mãos; e a miséria, a ignorância e a debilidade se estendem a todas as demais. Durante este largo período, a vida dos servos se limitava, em matéria de necessidades, a uma espécie de "felicidade vegetativa", enquanto a dos senhores era faustuosa, mas desprovida das comodidades que a moderna sociedade do bem-estar traz consigo. Assim, pois,

> Se fixamos nossa atenção na época feudal [conclui Tocqueville] descobriremos que maioria da população vivia quase sem necessidades e o resto não experimentava senão um pequeno número destas. A terra bastava, por assim dizer, a todos; o bem-estar não existia em nenhum lugar, e a mera subsistência em todas as partes.[19]

A situação muda radicalmente com a chegada da época moderna, posto que a introdução de novos bens, desejos e necessidades no corpo social, devido ao progresso da indústria e à expansão do comércio, impulsionam de modo decisivo a paixão pelo bem-estar material e a economia capitalista. Ocorre, então, um deslocamento massivo da população agrícola para a fábrica em busca desse bem-estar tão atrativo que, aparentemente ao alcance de todos, depende na realidade das exigências e incertezas de um mercado cada vez mais mundializado e sujeito a crises periódicas. A isso

---

19 *Idem* a nota anterior, p. 11.

se deve, indica nosso autor, que "a classe trabalhadora industrial, que proporciona os prazeres à maioria, está, ela mesma, exposta às misérias que seriam praticamente desconhecidas se tal classe não existisse".[20]

É preciso, então, situar-se neste contexto para esclarecer as causas e definir a natureza do pauperismo, isto é, dessa nova e massiva espécie de pobreza que se produz com o avanço da industrialização e que afeta de maneira especial, e talvez inevitável, os membros da classe operária. Contudo, pensa nosso autor, não apenas os motivos de ordem econômica como as crises comerciais, a concentração da propriedade, a exploração e o desenraizamento do proletariado etc. podem explicar o pauperismo, mas também os motivos de índole cultural, e entre estes a relação de desequilíbrio entre desejos e necessidades que se introduz no espírito dos homens da moderna civilização do bem-estar. Esta última causa nos permite captar, talvez melhor do que nenhuma outra, o caráter específico da nova pobreza.

Com efeito, o ser humano tem necessidades básicas que provêm tanto de sua condição biológica como de sua constituição social ou, como diz Tocqueville, "dos costumes e da educação"[21]. Estas últimas são, por assim dizer, tão naturais quanto as primeiras, pois a dimensão social é tão própria à natureza humana quanto a dimensão física. E, de qualquer forma que o homem construa culturalmente e de modo constante sua sociabilidade, tais necessidades aumentam e se renovam conforme se desenvolve a vida civilizada. Pois bem, o desejo ilimitado de bem-estar que propicia a cultura do industrialismo capitalista traz consigo não somente um crescimento exponencial das necessidades, como também uma diluição das fronteiras entre as que se poderiam considerar como básicas e as que não são. Segue-se que a falta de meios para cobrir

---

20 *Idem.* p. 15.

21 *Idem.* p. 16.

as necessidades humanas básicas, isto é a pobreza, significou para o homem de outras épocas não ter o que comer, enquanto para o homem moderno signifique ademais a carência de uma multiplicidade de outras coisas. Com a ampliação ao infinito do círculo de seus desejos, ampliou também de forma desmedida o de suas necessidades, e com isso se mostra cada vez mais exposto aos vaivéns de um mercado regido pela maximização do benefício econômico. A tudo isso se deve, conclui nosso autor, que no seio das sociedades ricas e industrializadas a indigência e a opulência ocorram ao mesmo tempo e em maiores proporções do que nas outras. Neste sentido, acaba a primeira parte do seu escrito com esta aguda, penetrante e visionária observação:

> Não nos entreguemos a perigosas ilusões e olhemos o futuro das sociedades modernas de modo singelo e tranquilo. Não nos deixemos embriagar diante do espetáculo de sua grandeza; não nos desanimemos em ver suas misérias. Na medida em que prossiga o atual movimento da civilização, se verá crescer os gozos da maioria; a sociedade se tornará mais aperfeiçoada e mais sábia; a existência será mais cômoda, mais aprazível, mais ornada e mais longa; mas, ao mesmo tempo, saibamos prever o número dos que necessitam recorrer à ajuda de seus semelhantes para obter uma pequena parte destes bens, o número destes crescerá sem cessar. Poder-se-á retardar este duplo movimento; as peculiares circunstâncias em que se situam os diferentes povos precipitarão ou suspenderão seu curso; mas ninguém poderá detê-lo. Apressemo-nos, pois, a buscar os meios para atenuar os males inevitáveis que já são facilmente previsíveis.[22]

O desenvolvimento da civilização industrial, continua Tocqueville, não somente expõe os homens a novos infortúnios, mas também leva a sociedade a tentar aliviar a miséria de um modo que sequer seria imaginável em sociedades menos avançadas. Assim, pois, quando o progresso econômico se justifica pelo critério de raiz utilitarista do maior bem-estar ao maior número, o pauperismo tende a ser considerado mais como infortúnio, ou como efeito

---

22 *Idem.* p. 18.

colateral, do que como uma injustiça e, então, apela-se à atuação paternalista do Estado para sua reparação. Tal é a concepção que inspira, no fundo, o assistencialismo estatal como forma de remediar o problema da pobreza e que nosso autor questionará antes de expor sua proposta. Como se pode observar, a argumentação tocquevilleana preludia em mais de um sentido as críticas atuais sobre esta espécie de duplo vínculo, ou retroalimentação perversa, que se dá entre a justificação utilitarista do capitalismo consumista e a burocratização paternalista do Estado em nome do bem-estar.[23]

Finalmente, é o crescimento proporcional do pauperismo, ligado ao avanço do bem-estar promovido pelo industrialismo capitalista, o destino fatal da civilização moderna? Se a resposta é negativa, será necessário buscar a terapia ou a solução mais apropriada, e a isso Tocqueville dedica a segunda parte do seu escrito.

II. Os remédios do pauperismo

Em resposta à mencionada questão, nosso autor não preconiza, como os legitimistas, um retorno idealizado e catolicamente abençoado ao ruralismo tradicional, nem confia, como os socialistas, em nenhum paraíso originado pela revolução proletária. Tampouco crê, como os economistas liberais, na panaceia do livre mercado para acabar com o pauperismo e se mostra muito crítico frente ao sistema público de caridade institucionalizada posto em prática na Inglaterra da época. Tocqueville ostenta aqui um lúcido pessimismo, posto que não pensa, de maneira doutrinária, em uma solução final e definitiva ao problema do pauperismo, o que não o impede, no entanto, de buscar meios razoáveis e preventivos para os mesmos inspirados no potencial democrático-associativo da sociedade civil.

---

23 Sobre tais críticas e uma proposta de saída mediante uma ética do consumo, pode-se consultar, entre nós, o trabalho de A. CORTINA. *Por uma petica del consumo*. Madrid, Taurus, 2002, esp. Caps. 7 e 10, p. 157-176 e 233-261 respectivamente.

Tradicionalmente, o remédio para a pobreza era a beneficência, convertida pelo cristianismo na virtude da caridade. Contudo, dada a novidade e, sobretudo, a magnitude do problema do pauperismo, a prática de tal virtude – pensa Tocqueville – tem um efeito muito limitado, o que requer buscar outras soluções. Será necessário substituir a caridade dos particulares por um sistema de assistência pública administrado pelo Estado para fazer frente a tal problema, como sucede na Inglaterra? Neste país, as leis e os costumes combinaram-se de tal modo que a propriedade rural está concentrada em muito poucas mãos e a crescente atividade industrial se encontra em poder de uma classe de patrões que submete, para seu próprio benefício econômico, uma população cada vez mais numerosa.[24] A solução do pauperismo gerada por esta e outras causas é deixada nas mãos da assistência estatal, tal e como se vê referendado na aprovação parlamentar da lei dos pobres em 1834. Essa solução é objeto de amplo debate entre os notáveis da época e Tocqueville participa criticando os abusos e consequências perversas, tanto econômicas quanto sociais – e em última instância morais – de tal sistema de "caridade pública legalizada". Não se trata, no entanto, de rejeitar toda intervenção estatal; o que se questiona aqui são os efeitos contraproducentes e perversos em matéria de solidariedade que derivam da administração exclusiva, paternalista, burocratizada e ilusoriamente providente da mesma por parte do Estado. Nas palavras do nosso autor:

> (...) reconheço não somente a utilidade, mas a necessidade de uma assistência pública aplicada aos males inevitáveis tais como a debilidade da infância, a caducidade da velhice, a doença e a loucura; admito também sua utilidade momentânea nesses tempos de calamidade pública que de quan-

---

24 Esta ideia de uma tendência neofeudal, imprópria a uma sociedade genuinamente democrática, para uma "aristocracia industrial" que concentre em suas mãos a maior parte da riqueza e disponha de um enorme poder de opressão econômica sobre a população trabalhadora se encontra exposta na 2ª parte de *A Democracia na América*, no capítulo intitulado precisamente "Como a aristocracia poderia sair da indústria". Remeto à edição crítica a cargo de E. NOLLA, Madrid, Aguillar, 1988, p. 201-204.

do em quando escapam das mãos de Deus. (...) Mas, estou profundamente convencido de que todo sistema regular, permanente, administrativo, cujo objetivo seja satisfazer a necessidade do pobre, engendrará mais misérias do que as que pode curar"[25]

Entre os efeitos perversos de tal sistema menciona, principalmente, a assistência indiscriminada, a vilania do direito ao subsídio, a destruição dos vínculos de reconhecimento humano entre as classes sociais e o consequente enfrentamento entre as mesmas, a constituição de uma população de eternos assistidos etc. Portanto, conclui nosso autor, não se deve orientar a ação para a onipotência estatal a fim de remediar as misérias sociais onde a beneficência privada não é suficiente. Ora, se, como se conclui, a caridade individual é impotente para remediar o pauperismo e a assistência pública produz efeitos perversamente injustos, então, o que fazer? O *1º Ensaio sobre o Pauperismo* termina aqui, cheio de dúvidas e de forma um pouco abrupta, ainda que prometa uma continuação ou segunda parte na qual serão propostas medidas, especialmente de tipo preventivo, para combater o pauperismo. O caso é que tal continuação jamais foi publicada durante a vida de Tocqueville e até se chegou a supor que jamais tivesse sido escrita. No entanto, seu atual biógrafo A. Jardin, revisando os arquivos da família Tocqueville, encontrou um rascunho do *2º Ensaio sobre o pauperismo* que não está finalizado e decidiu publicá-lo em 1989[26]. Por qual razão – cabe perguntar – não concluiu esse trabalho? É porque nosso autor queria dedicar-se exclusivamente à elaboração da segunda parte de *A Democracia na América*, que publicaria em 1840, ou é porque albergava sérias dúvidas sobre os remédios propostos para combater o pauperismo?

A julgar pelo espírito do escrito em seu conjunto e pelo que aparece explicitamente nas notas preparatórias, pode-se dizer que

---

25 Tocqueville. A. *Memoria sobre el pauperismo*. p. 39-40.

26 Jardin, A. *Alexis de Tocqueville 1805-1859*, México, FCE, 1989, p. 196.

Tocqueville não acreditava, de maneira doutrinária, em uma solução final e/ou definitiva ao problema do pauperismo na civilização industrial-capitalista, porque não considerava possível o estabelecimento de um equilíbrio exato e permanente entre a produção e o consumo, o capital e o trabalho. No entanto, isso não o impediu de propor uma série de medidas que sirvam para prevenir ou atenuar no maior grau possível a injustiça que representa a presença de um pauperismo massivo nas modernas sociedades democráticas. Assim, depois de comparar a situação nas quais se encontram a França e a Inglaterra, conclui que o ponto de apoio para combater a nova pobreza consiste em facilitar, tanto ao operário industrial, quanto ao pequeno agricultor, o acesso à propriedade e em educá-los, ao mesmo tempo, no espírito de autonomia, responsabilidade e previsão, que esta traz consigo. Neste sentido, o principal meio à disposição da sociedade democrática é o fomento ao associativismo em todos os âmbitos, e muito especialmente na sociedade civil. Contudo, é necessário precisar imediatamente que não se trata, a meu juízo, da típica visão liberal da sociedade civil dominada pelo individualismo burguês e pelo espírito econômico mercantil, nem tampouco de uma concepção de inspiração hegeliana que invoca a intervenção estatal para superar politicamente a cisão socioeconômica entre ricos e pobres. Para além de tais modelos, poderíamos dizer que Tocqueville interpreta a sociedade civil segundo o modo republicano, como uma teia de associações cidadãs capazes de responder democraticamente aos problemas sociais em uma tentativa de superar os inconvenientes despóticos provenientes tanto do economicismo liberal quanto do paternalismo estatal[27]. Nesta

---

27 TAYLOR, Ch. denomina "modelo M" (por inspirar-se na visão de Montesquieu dos corpos intermediários) a interpretação tocquevilleana de sociedade civil, para diferenciá-la dos modelos liberal ou "modelo L" (inspirado em Locke) e estatal-comunitarista ou "modelo H" (inspirado em Hegel). Com isso quer insistir no espírito republicano de tal concepção, assim como sua tentativa de superar as anteriores por meio do desenvolvimento do civismo democrático. Sobre este ponto veja: TAYLOR, Ch. "Invocar la sociedad civil" in *Argumentos filosóficos*, Barcelona, Paidós, 1997, p. 269-293; e ROSS, J.M. *Los Dilemas de la democracia liberal. Sociedad Civil y democracia en Tocqueville*, Barcelona, Crítica,

direção, nosso autor propõe neste texto três tipos de desenvolvimento associativo para enfrentar o pauperismo: as associações de produção industrial ou cooperativas de operários, as associações financeiras na forma de caixas de poupança para as classes trabalhadoras e as associações cívicas de ajuda solidária no contexto do município.

No que diz respeito às primeiras, considera que é a melhor forma de proporcionar ao trabalhador um lucro na fábrica, mas é preciso que tais associações reúnam uma série de requisitos materiais e espirituais – em especial a ilustração intelectual e moral dos operários participantes – para que sejam eficazes, já que nem todas as experiências deste tipo obtiveram os resultados desejáveis. No entanto, Tocqueville acrescenta a seguinte observação em face do futuro:

> Sinto-me inclinado a acreditar que se aproxima uma época na qual um grande número de indústrias poderá ser conduzido desta maneira. Na medida em que nossos operários adquiram conhecimentos mais amplos e que a arte de associar-se com fins honestos e pacíficos progrida entre nós, quando a política não se misture com as associações industriais e o governo, tranquilo quanto ao objetivo delas, não lhes negue sua benevolência e seu apoio, então as veremos se multiplicar e prosperar. Parece-me, portanto, que a ideia de associações industriais de operários deve ser fecunda, mas não a considero madura. É necessário, pois, quanto ao presente, buscar outros remédios.[28]

Por isso, nosso autor aponta, em segundo lugar, ao desenvolvimento da poupança entre a classe operária. Neste ponto advoga pela união entre as caixas de poupança e os bancos de crédito a fundo perdido, em uma mesma instituição, e por uma organização

---

2001, esp. Cap. 3º, p. 201-268.

28 TOQCEVILLE, A. *Memoria sobre el pauperismo*, p. 54 s. Tocqueville mostra aqui seu conhecimento sobre as teorias pioneiras do socialismo (as de OWEN, FOURIER e as dos dissidentes saint-simonianos como BUCHEZ, que viam na autogestão operária a solução aos problemas socioeconômicos criados pelo capitalismo), assim como sua prudente visão sobre a aplicação das mesmas.

descentralizada das mesmas para uma melhor e mais democrática atuação em nível municipal, tal como vem sendo posto em prática exemplarmente na cidade de Metz. Ainda que não se trate de uma panaceia, sustenta que nada lhe parece

> mais singelo, mais praticável e mais moral ao mesmo tempo que semelhante sistema: investidos desta maneira, as poupanças dos pobres não colocariam em risco nem ao Estado nem aos próprios pobres, porque não há nada mais seguro no mundo do que um investimento com fiador. Ademais, isso seria um verdadeiro banco dos pobres já que eles mesmos proporcionariam o capital. (...) Como pode ser que o governo resista cada dia às petições que lhe são dirigidas com este objetivo? Dificilmente posso compreender.[29]

Pois bem, o texto é interrompido umas linhas abaixo sem que tenha esclarecido toda a ideia e, sobretudo, sem que tenha dissipado a dúvida do leitor sobre quem são realmente estes pobres operários que têm suficiente capacidade econômica para poupar.

Quanto ao terceiro tipo de desenvolvimento associativo mencionado anteriormente, cabe dizer que se encontra esboçado na *Carta sobre o pauperismo na Normandia* que, ainda que incompleto, representa uma espécie de continuação das ideias contidas neste *2º Ensaio sobre o pauperismo*. Em tal carta, Tocqueville oferece uma saída positiva a suas críticas anteriores ao sistema estatal de assistência social burocratizada e, neste sentido, propõe, como uma espécie de ONGs *avant la lettre*, a constituição de associações livres, voluntárias e democráticas de cidadãos para combater de forma solidária a pobreza no seio de cada município.[30]

Para concluir

Como reflexão final a tudo o que precede, pode-se dizer que Tocqueville foi, sem dúvida alguma, consciente das dificuldades

---

29 *Idem* a nota anterior, p. 66, 69.

30 Ibidem, p. 73-77.

e possíveis insuficiências das soluções que propôs para enfrentar o pauperismo e que, talvez por isso, seu ensaio ficou inacabado. Pode-se pensar, em consequência, que o ensaio em questão é mais claro no diagnóstico do problema do que na sua terapia e, isso talvez explique o carácter bastante vacilante e prudente de sua reflexão. É possível que isso se deva à posição privilegiada de sua condição aristocrática, a sua visão "liberal-republicana" da democracia ou à carência de conhecimentos em economia política. Mas, em qualquer caso, sua meditação demonstra uma grande capacidade visionária ao colocar, sem rodeios, o que talvez fosse o principal problema do seu tempo – a pobreza massiva na incipiente sociedade capitalista do bem-estar – e que, em grande medida, continua sendo também do nosso. E então, que os *Ensaios sobre o pauperismo* sejam ainda, apesar de seus defeitos, um texto atual e substancial. E, se isso ainda é pouco, também suas propostas nos surpreendem, mais de um século e meio depois, por sua modernidade e atualidade, mas sobretudo porque nos impelem a seguir buscando soluções para além da cega confiança nas bondades metafísicas do "livre mercado" e do "providencialismo estatal", para resolver o problema da pobreza.

Referências bibliográficas

ARON, R. *Les étapes de la pensée sociologique*, Paris, Gallimard, 1967.

AUDIER, S. "Tocqueville et la tradition républicaine" dans R. LEGROS (dir.) *Tocqueville. La démocratie en questions*, Caen, Presses Universitaires de Caen, 2008, n° 44, 2008, p.171-245.

BARBER, B. *Un lugar para todos. Cómo fortalecer la democracia y la sociedad civil*, Barcelona, Paidós, 2000.

BÉJAR, H. "Alexis de Tocqueville. La democracia como destino" en F. VALLESPÍN, *Historia de la teoría política*, Madrid, Alianza t°. 3, 1991, p. 299-338.

BRESSOLETTE, M. "Tocqueville et le paupérisme. L'influence de Rousseau" *Annales de la Faculté des Lettres et Sciences Humaines de Toulouse*, n° XVI, Toulouse, 1969, p. 67-78.

CASTEL, R. *La metamorfosis de la cuestión social*, Barcelona, Paidós, 1997.

CORTINA, A. *Por una ética del consumo*, Madrid, Taurus, 2002.

DRESCHER, S. *Dilemmas of Democracy (Tocqueville and Modernization)*, Pittsburg, University of Pittsburg Press, 1968.

FURET, F. *Pénser la Révolution Française*, Paris, Gallimard, 1978.

GUELLEC, L. *Tocqueville. L´apprentisage de la liberté*, pris, Michalon, 1996.

JARDIN, A. *Alexis de Tocqueville 1805-1859*, México, FCE, 1989.

KESSLASY, E. *Le libéralisme de Tocqueville à l'épreuve du paupérisme*, Paris, L'Harmattan, 2000.

LAMBERTI, J.C. *Tocqueville et les deux démocraties*, Paris, PUF, 1983.

LECA, A. *Lecture critique d´Alexis de Tocqueville*, Marseille, Presses Universitaires d´Aix- Marseille, 1988.

MANENT, P. *Tocqueville et la nature de la démocratie*, Paris Fayard, 1993.

NOLLA, E. "Introducción" a la edición crítica de *La Démocratie en Amérique* 2 vols. Madrid, Aguilar, 1988, p. XXV-LXXXV.

RENAUT, A. "Tocqueville et la discussion républicaine du libéralisme" dans *Histoire de la Philosophie Politique*, Paris, Calmann-Levy, 1999, t° 4, p.317-359.

ROSS, J.M. *Los dilemas de la democracia liberal. Sociedad civil y democracia en Tocqueville*, Barcelona, Crítica, 2001

---------------"Estudio introductorio, traducción y notas" a *Memorias sobre el pauperismo de A. de Tocqueville,* Madrid, Tecnos, 2003.

SANDEL, M. *Democracy´s Discontent*, Cambridge, Cambridge University Press, 1996

SAUCA, J.M. *La ciencia de la asociación en Tocqueville. Presupuestos metodológicos para una teoría liberal de la vertebración social*, Madrid, Centro de Estudios Constitucionales, 1995.

SAUQUILLO, J. y ROSS, J. M., "Estudio introductorio, traducción y notas" a *Del sistema penitenciario en Estados Unidos y su aplicación en Francia de A. de Tocqueville y G. de Beaumont*, Madrid, Tecnos, 2006.

TAYLOR, Ch. *Argumentos filosóficos*, Barcelona, Paidós, 1997.

TOCQUEVILLE, A. de, Memoires sur le paupérisme dans Oeuvres Complètes, París, Gallimard, t°. XVI 1989, p. 117-161.

Observar a miséria: a atalaia metodológica de Alexis de Tocqueville[1]

JULIÁN SAUQILLO

"Em 1833 recorri à Grã-Bretanha. Outros estavam interessados pela prosperidade no interior do país, eu pensava na secreta inquietude que agitava visivelmente o espírito de todos seus habitantes. Acreditava que misérias importantes deviam ocultar-se debaixo deste brilhante manto que a Europa admira. Essa ideia me leva a examinar com uma atenção muito especial o pauperismo, essa praga horrível e imensa que se acha unida a um corpo cheio de força e saúde."
Alexis de Tocqueville, *Primeiro Ensaio sobre o Pauperismo* (1835)

"(...) Amemo-nos sempre igual; é um consolo a todos os males da vida."
Carta de Louis de Kergolay a Alexis de Tocqueville (Paris, 2 de abril de 1830)

1. Observar o irremediável

A proposta reformadora de Tocqueville é mais própria de um higienista público do século XIX que de um estrito teórico da política dos séculos XVII e XVIII. O estilo especulativo do primeiro *Ensaio sobre o Pauperismo*, próprio do melhor Rousseau (Ross 2003: XIV, XXII), se mistura com a preocupação reformista por adequar a situação dos mais pobres às novas urgências sociais da sociedade industrial. A instalação dos novos equipamentos sociais na aglomerada urbe industrializada requereu toda uma engenharia social. O talento de Tocqueville, tão atento a vislumbrar soluções a problemas de seu país em território estrangeiro, chegou à Ingla-

---

1 Tradução de Helena Esser dos Reis.

terra com a ideia de cortar a epidemia social que os paupérrimos traziam a todos os horizontes. Nesta tentativa sanadora não cabe pedir à sociologia da época que deslindasse minimamente feitos e valores. O sociólogo se identificava, então, com um destro médico no manejo do bisturi que abre o corpo e o corta de uma vez por todas. Muitos anos depois desta visão da sociedade como um corpo, Émile Durkheim estima que a sociedade era um organismo com órgãos em *A divisão do trabalho social* (1893), e Joaquín Costa pede a um reformador social que conte com os dotes da vivissecção de um cirurgião de ferro em *Oligarquía y caciquismo como la forma actual de gobierno en España: Urgencia y modo de cambiarla* (1901). A perspectiva médica é compartilhada por Tocqueville com muitos outros, mas sua perspectiva sociológica, como veremos, se antecipa com um individualismo quase inédito. Tocqueville é capaz de observar consciências individuais, onde Durkheim só vê consciências coletivas transcorridas muitas décadas da história da sociologia.

De Montesquieu a Marx, o pensamento social reuniu um positivismo típico que não é alheio, de modo algum, a Tocqueville. Como as leis da história das sociedades eram consideradas tão indefectíveis como as leis da natureza, cabia esperar sua ocorrência ou intervir na sua chegada. Combater os problemas sociais requeria incidir no processo histórico como um tipo de catalizador que freasse, reduzisse ou acelerasse seus inelutáveis efeitos. A batalha sociológica não permitia autores neutros. Da subversão de Marx e Engels à filantropia reformadora de Jeremy Bentham, as posições ideológicas incidem mais nas terapias do que nos diagnósticos sobre o que estava ocorrendo depois das grandes revoluções burguesas. Da reforma à revolução, as posições estavam muito bem definidas. Assim, para Karl Marx, Jeremy Bentham é o protótipo do filósofo burguês que higienizava a nova cidade para garantir uma mão de obra rentável porque salubre. Nada convida a confiar na filantropia da época. Mas, por suas raízes românticas, Tocqueville é peculiar entre o positivismo de um ou outro tipo de seu período.

Em primeiro lugar, porque confia à personalidade irresistível da excelência de caráter corrigir os piores efeitos dos tempos modernos com uma ciência política nova. A história possui um elemento imprevisível em seu decurso se nele intervêm homens excelentes. Em segundo lugar, a apelação a estes sujeitos viris, masculinos, de virtude extrema, comporta um anti-humanismo que mal se acomoda com o progressismo de uns e de outros reformadores sociais.

Ainda que a visão de Tocqueville da Inglaterra da primeira metade do século XIX guarde concomitâncias com *A situação da classe trabalhadora na Inglaterra* (1844) de Friedrich Engels, as terapias propostas pelo normando pretendem sustentar sem emendas o sistema capitalista. Tocqueville vaticinou, de modo perspicaz, que a batalha política futura seria pelo avanço e consolidação dos direitos de cidadania, mas era consciente de que tal estatuto jurídico político permaneceria longe de amplos setores muito vulneráveis da população. A desigualdade extrema conviveu, e persiste hoje, com os avanços e retrocessos dos direitos civis, políticos e sociais. Esta desigualdade deu lugar então a duas diferentes figuras sociais desprivilegiadas: o necessitado e o miserável ou indigente. De uma parte, o necessitado se viu compelido a trabalhar duramente, pois não contava com reservas econômicas. Desde o século XVIII, configurou-se uma consciência nacional (jornalismo político, reuniões, campanhas publicitárias, associacionismo na defesa de causas públicas) que estendeu a democracia moderna das classes altas às classes baixas. Tal consciência nacional beneficiou as classes baixas sem questionar minimamente a estrutura de classes. De outra parte, o miserável ficou, porém, como um produto necessário e molesto que carece do mínimo para viver decentemente. Isento de direitos cai sob a caridade pública ou privada. Desde o século XVIII, a política do Estado se dirigiu mais ao controle das populações – processos de natalidade, educação, alimentação, enfermidade, morte,... – do que ao reconhecimento extenso de direitos sociais a todos os indivíduos. A caridade privada, através dos montepios e das caixas de poupança, investiu convenientemente nas poupanças dos mais desprivilegiados. Devia atenuar a miséria, um mal endógeno do capitalismo que o Estado liberal evitava corrigir. Neste sentido, o Tesouro público não devia exercer nenhum tipo de caridade pública.

A cidadania não ataca, desde então, o sistema de classes. Muitas vezes o reforçou. Deixou pendente o paulatino reconhecimento de direitos civis, políticos e sociais de forma ampla. A indigência social permaneceu excluída, desde o primeiro momento, sob as *Poor Law* antigas e modernas (Marshall 1950, 1992). Tocqueville se sentiu concernido por esta deterioração social trazida pelo capitalismo industrial que justificou a Lei dos Pobres de 1834. Mas Tocqueville possuía o realismo político necessário para considerar que a democracia moderna implica uma dupla racionalidade: uma racionalidade contratual de reconhecimento lento de direitos; e outra extracontratual de ordenação policial, higiênica e carcerária (Melossi e Pavarini 1985). Ambas formariam o duplo rosto de Jano necessário da nova sociedade democrática. Era preciso construir um método que aceitasse as leis inevitáveis da história – como se da Providência se tratasse – sem qualquer ânimo transformador. Se *A democracia na América* (1835, 1840) supõe acatar a democracia como um destino incontestável, os *Ensaios sobre o pauperismo*, I e II, são a aceitação dos piores efeitos do capitalismo com o melhor ânimo paliativo. Tocqueville assume o conceito de "interesse bem compreendido" de Say: uma competitividade baseada no respeito mútuo dos competidores econômicos de maior ou de muito menor calado (a privação de qualquer pulsão letal entre os participantes no mercado distingue a concorrência da guerra e preserva sua continuidade). Mas, para além da salvaguarda do livre mercado, compartilha, igualmente, a inexistência de qualquer seguro público da sociedade a respeito de seus membros. O *Cours complet d'économie politique pratique* (1803; 1840 2ª ed.) de Jean-Baptiste Say deixa claro um princípio compartilhado por Tocqueville: "o homem não deve nada aos outros, deve a si mesmo o aperfeiçoamento de seu ser". Não há nenhum título que

140

garanta a carga de sustento dos indigentes sobre os proprietários. Tocqueville pode partir do princípio de Say: os seguros públicos jamais diminuem o número de indigentes, antes o aumentam. Para ambos, as paróquias inglesas eram um contraexemplo que não deveria ser seguido. Não havia beneficência pública na Inglaterra suficiente para deter a pobreza. Desde o reinado de Isabel, em 1601, os "asilos abertos ao infortúnio" justificam o "abuso dos gastos públicos" sem limitar a pobreza. Tocqueville partiu para Inglaterra para encontrar-se com a economia clássica em vez de encontrar-se com a miséria em primeira mão. O problema era antigo, mas a noção de "pauperismo" havia aberto uma reflexão nova sobre o crescente aumento da pobreza com a industrialização (Say 1840: 478, 479).

Enquanto o socialismo marxista propôs a abolição do capitalismo, o liberalismo deixou incólume, porém, o capitalismo industrial. Tocqueville padecia de uma "fobia do Estado". Busca remédios privados à indigência social. Tratando-se do segundo *Ensaio sobre o pauperismo*, a união das caixas de poupança e dos bancos de crédito a fundo perdido formam um adequado circuito de crédito e dívida entre os próprios derrotados do capitalismo, mais ou menos desfavorecidos pela disputa econômica. A população indigente é o paciente e a própria terapia na medida em que altere seus hábitos letais. O primeiro *Ensaio sobre o pauperismo* previne contra uma legalização da caridade, que mescla circunstâncias sociais e escolhas pessoais causadoras da pobreza. Esta confusão, segundo Tocqueville, acaba premiando a classe social preguiçosa, pícara e ociosa. Confia que a exploração da pequena propriedade, a ordem, a atividade e a poupança tirem o pobre da indigência. Suas terapias são as de um homem antigo: nestes ensaios, o temor à democracia se converte em espanto frente à indústria. Sua lente angular procura a foto fixa do desenvolvimento inglês: o desenvolvimento torna os ingleses mais propensos à crise. Quanto menor é a agricultura e maior a industrialização, mais comércio internacional se sustenta e de mais profundas crises endógenas padece a Inglaterra. Tocqueville pretende isolar os princípios gerais para encarar a verdade dos povos – Inglaterra, França, mas também Portugal e Espanha...–, contabilizar o índice de pobreza correspondente a sua fase de desenvolvimento e apontar os remédios aos males.

Mas a matriz aristocrática de seu método é muito evidente. Seu mais respeitado interlocutor é um grande proprietário do sul da Inglaterra, juiz de paz, que o hospeda em Longfort Castle: a picardia dos miseráveis estava, segundo seu anfitrião, na ordem do dia. E, o método científico, faltava ele dizer, está a salvo do contágio da miséria. À "fobia ao Estado" se soma uma aversão aos pobres. Seu método está tão murado como o castelo de Longfort. Esta vez, não se imiscui nos testemunhos dos administradores das ajudas inglesas. O estudo de campo para o "miserabilismo" é muito reduzido, se se compara com o informe *Del sistema penitenciário em Estados Unidos y su aplicación a Francia* (1982) de Tocqueville e Beaumont (Ros e Sauquillo 2005). Recolhe a experiência da cidade de Metz – onde viveu, talvez, seu melhor amigo: o conde Louis de Kergolay – na vanguarda das instituições filantrópicas e populares. Utiliza mais um microscópio do que um telescópio metodológico. A miséria é a chaga das crises inevitáveis do capitalismo. Mas é o piolho diferenciado de cada nação. Por momentos o nacionalismo e o caráter nobiliário turvaram sua visão social.

2. Como olhar?

Jon Elster destacou que, acima das contradições e inconsistências de Tocqueville, sua genialidade reside no catálogo de mecanismos psicológicos que emprega para entender os processos sociais. O êxito de Tocqueville não reside em estabelecer leis do comportamento social. Em lugar disso, propôs um catálogo plausível de motivações humanas – interesses, paixões e normas sociais... – que operam como um pano de fundo das estruturas sociais. Sua estratégia consiste em oferecer uma visão da sociedade como agregado de individualidades em vez incorrer no holismo típico do século

XIX. Tocqueville destaca – se observamos seu argumento –, na sociologia clássica, duas táticas intelectuais: em primeiro lugar, compreender as crenças e desejos pelas reações frente ao meio social e outros fatos mentais; e, em segundo lugar, dar conta das instituições sociais e das transformações sociais pelo resultado agregativo das muitas ações individuais. Dito expressamente por Elster, Tocqueville é um "individualista metodológico". Mas desconsidera a contribuição de Tocqueville à sociologia compreensiva, definitivamente estabelecida por Max Weber, em disputa com a sociologia alemã que a precedeu. Onde Elster observa caprichos, narcisismos, discricionariedades de Tocqueville, cabe ver um esboço titubeante desta sociologia qualitativa. Cabe advertir que longe de "explicar" os processos históricos, como Elster destaca, Tocqueville os compreende. É um pioneiro da sociologia compreensiva frente à sociologia explicativa. Mas, na minha opinião, Elster acerta em destacar os *leits motivs* que subjazem ao entendimento social do autor dos *Ensaios sobre o pauperismo*. A agudeza de Tocqueville reside em agrupar acontecimentos sociais aparentemente dispersos sob vínculos psicológicos que os unificam. Às vezes, o mecanismo psicológico identifica menos do que Tocqueville crê com afã universalizador (Elster 1995: 115-208). Mas é certo que a psicologia individual é causa e efeito dos fenômenos sociais agregados. Talvez, por isso, Tocqueville tenha uma maior vigência hoje com seu entendimento psicológico de fenômenos modernos do que aqueles que construíram teorias sociais muito fechadas sobre a função da religião, da economia, do casamento, dos títulos de propriedade ou das leis de parentesco. Mas a má vontade de Elster em detalhar as contradições e preconceitos de Tocqueville é vã. Onde Elster vê "preconceitos de classe" e estima espontânea pela aristocracia, pela monarquia, pela masculinidade, sem polir metodologicamente, cabe ver a construção dubitativa de uma sociologia qualitativa. O marxismo analítico de Elster tem suas próprias limitações. Não observa que Tocqueville aponta à superação do ponto de vista científico natural padecido pela sociologia.

Tocqueville não conduz o fenômeno da miséria a um processo histórico compartilhado por todas as nações dominadas pelo capitalismo industrial. A partir de valores patentes que configuram seu ponto de vista – a mira sociológica –, se aproxima da miséria: a pobreza é um campo de prova privilegiado ao seu caráter aristocrático. Mas pouco lhe interessam as causas sociais da "miséria do mundo". Seu objetivo é evitar que o ressentimento converta este *lumpen* em proletariado reivindicativo. Inocular o cálculo econômico dos proprietários nos despossuídos é a única saída da miséria. Trata-se de evitar o ressentimento dos pobres em relação aos ricos. Uma saída que estanca a revolução. Os dois *Ensaios sobre o pauperismo* compartilham com Weber que o capitalista tem um valor racionalizador do mercado e da indústria. Ser capitalista põe o indivíduo no caminho da ordem salvífica em vez da deterioração social. Mas, por trás do empresário, por pequeno que seja, há uma psicologia enlaçada ao ideal moral do poupador e do aplicador. Há um ascetismo atrás da psicologia adequada do proprietário. Sair da pobreza requer um eu ideal que pede o esforço de entesourar e investir até apreciar o ganho e desejar aumentá-lo. Querer o apropriado distancia das decisões patéticas e das escolhas condenatórias, adotadas pelo carente de tudo. Tocqueville define um conceito de sujeito autônomo que rejeita ficar escravizado pelas ajudas públicas ao miserabilismo. Trata de converter o agente social em agente moral. Opõe-se à dinâmica social da revolução francesa que começa a dar ajudas na medida em que alguém fique subordinado ao Estado (Gauchet 1989: 244-251). Tampouco se ilude de que a autonomia seja evidente: a tendência ao abandono individual em vista do apoio público é manifesta se não se conduz os homens ao desempenho de uma tarefa fabril. Então, a urgência de fazer os homens partícipes não só da propriedade agrícola, mas também da propriedade industrial. Seja tanto na França como na Inglaterra apesar de suas idiossincrasias econômicas. Trata-se de evitar a psicologia dilapidadora dos homens inculcando-lhes uma psicologia laboriosa. Ainda que sua proposta possa ser tão pouco factível no século XIX, como sair do rio que nos arrasta puxando-nos, como o barão Münchausen, pelas próprias barbas. A legislação estatal deveria ser, em sua proposta, o mecanismo de estabilização dos melhores desejos, paixões e anseios fabris para evitar o desperdício inútil do Estado em vista de deter a pobreza.

O método de Tocqueville é comparativo, tal como assinala Raymond Aron (que o considera "sociólogo comparador"). É consciente que as sociedades democráticas têm formas políticas diversas na Alemanha, França ou Estados Unidos. Mas sua contribuição genial é apontar um "tipo ideal" a partir de valores patentes bem declarados: comporta-se como o pintor de origem aristocrática que não concebe descrever sem julgar a partir de valores hierárquicos explícitos e "intrinsecamente ligados à descrição". O método de Tocqueville vai da viagem transatlântica à "experiência mental". Seu tipo ideal já não recolhe a estrutura da sociedade senão a da essência da democracia (Aron 1967: 223-252) que, tomada estritamente em sua tipologia, não é real.

Desta forma, Tocqueville está iniciando o caminho que Weber conclui na sociologia compreensiva. Uma das possíveis interpretações da *Wertfreiheit* ("ciência livre de valores") converte este espírito em um postulado prático mais do que em um princípio metodológico. A ciência livre de valores propõe uma liberação dos valores dominantes nos observadores autorizados na hora de analisar fenômenos sociais relevantes. Quem está livre de valores vê problemas não resolvidos naqueles assuntos que todos consideram evidentes. Sublinha preconceitos nos juízos mais assentados e assumidos por todos. A *Wertfreiheit* é menos um afã de neutralidade na torre de marfim da investigação do que uma paixão para esclarecer aquilo que para os demais é evidente. É liberdade da ciência em vista dos valores estabelecidos pela ciência social hegemônica. Trata-se de encarar os problemas sem pressupostos, consciente de que os valores em jogo lutam entre si, de que não estão unificados nem pelos avanços científicos nem pelos progressos tecnológicos. O cientista social abre novos campos de estudos quando se libera

145

dos valores dominantes. Para a compreensão dos processos sociais ou dos comportamentos humanos, não bastava para Weber a construção estatística de leis universais que previram a repetição de um sucesso. Procurou um conhecimento qualitativo da ação que reconstruía as motivações de cada ação particular. Dá um passo adiante da contribuição de Tocqueville – imerso no romantismo e afetado pelo positivismo –, pois rejeita as explicações psicológicas da ação humana na história. Tocqueville assume o acaso na história. Conceitos como "criatividade" ou "personalidade" – rejeitados por Weber e afins com Tocqueville – permitem considerar a ação humana irracional ou incalculável. Tocqueville assume que o acaso pode desempenhar um papel no acontecer da história. Enquanto Weber buscará conexões causais concretas nos processos sociais particulares.

Mas Weber e Tocqueville coincidem na elaboração de "tipos ideais" para a compreensão interpretativa destes processos. A democracia moderna acaba sendo um tipo ideal. Estes tipos ideais são premeditadamente abstratos. São voluntariamente gerais e exemplares. A ciência social precedente a Tocqueville pedia desculpas ao utilizar conceitos de "trabalho", "valor", "propriedade" e "consumo" como abstratos para dar conta das manifestações econômicas de todo o mundo (Say 1840:29). Enquanto Tocqueville e Weber utilizam conceitos ideais com um afã compreensivo de uma realidade que, em sua versatilidade ou casuística, é inabarcável. Só a interpretação abstrata dos fenômenos sociais pode dar conta de processos inabarcáveis no sentido estrito. O informe de Tocqueville *Del sistema penitenciário en Estados Unidos e sua aplicação en Francia* estava carregado de centenas de notas que os *Ensaios sobre o pauperismo* não possuem. De alguma forma, estes *Ensaios...* estão na mesma ordem visual que *A democracia na América*: são uma sagaz interpretação de fenômenos modernos, como a participação política e a pobreza extensiva do capitalismo industrial, a partir da visão sociológica. Evitam o sem fim de informação reunida ao pé da página que avalia as teses sustentadas.

146

Para Tocqueville era importante não assemelhar-se em nada aos frequentes charlatães. Mas a análise de *A democracia na América* e dos *Ensaios*... se situa em um impulso teórico maior do que o informe sobre as prisões norte-americanas. Não se apoia tanto nas laboriosas e múltiplas pesquisas como na interpretação qualitativa das percepções de campo. Não se consideram tanto os dados numerosos como as hipóteses fundamentadas e as conjecturas argumentadas.

Tocqueville ultrapassa o âmbito da descrição do visto em viagem. Ambos, Tocqueville e Weber, elaboram estes "tipos ideais" com valores de tipo religioso, ético e estético inscritos em seus particulares espíritos. A escolha de valores, entre muitos em disputa, é inevitável na investigação social. Valorizam os processos sociais que viveram, a partir dos valores da aristocracia do Languedoc e da classe média emergente, respectivamente, sem desistir de poderosas conclusões sociológicas. Para Tocqueville e Weber, as conclusões da investigação social servem de orientação racional das ações meios/fins de transcendência pública. A racionalidade de uma ação social em processos históricos concretos depende, na concepção metodológica de ambos, de que se prenda ao modelo de comportamento perfilado pela investigação em termos gerais. O cientista social weberiano não busca explicações causais exaustivas para as ações sociais. Expõe, pelo contrário, quais causas são essenciais ao fenômeno social particular que estuda. Mas dentro de uma realidade que se apresenta fracionada e atiçada por um movimento centrífugo e desordenado.

Ambos viveram dramaticamente o caos social de seus tempos. Tocqueville era consciente do afundamento do sólido mundo medieval. Aspirava desentranhar as linhas mestras do novo cenário moderno, entre a grande confusão e desordem, mais do que fixar suas coordenadas históricas meridianas. No primeiro *Ensaio sobre o pauperismo*, Tocqueville tenta apontar a causa fundamental do miserabilismo no trânsito da sociedade agrícola para a sociedade industrial: os elevados índices de deslocamento para as urbes precipitam a miséria social. Mais do que dar solução à caridade privada, desacredita a legalização da caridade pública. Confia na prevenção da miséria em vez de buscar sua cura. Algo que exige dispor de outra forma os elementos e sujeitos que concorrem na história. No segundo *Ensaio...*, Tocqueville dispõe sua razão e experiência ao conselho do governo francês. O Estado anda cego, em sua opinião, ainda que na iminência de sua catástrofe e do afundamento dos pequenos proprietários que confiaram suas poupanças. A solução é mais privada do que pública. O maior caos social é originado pela frequente ausência de qualquer projeto econômico vital individual entre os povoadores. Pretende dar uma solução razoável. Mas, de forma rude, atribui ao testemunho da alta nobreza – Lord Radnor, juiz de paz de experiência litigiosa – o "puro selo da verdade". Faz uma declaração abrupta dos valores aristocráticos que regem seu ponto de vista qualitativo da pobreza. E esta declaração não é supérflua, pois para Tocqueville realizar uma "viagem filosófico-política" requeria notáveis somas de dinheiro. Isso porque era consciente de que não se pode falar com muita gente no exterior "senão mostrando-se rapidamente seu igual". Por isso, tomou emprestado mais dinheiro de seu melhor amigo para que vencesse estas "misérias" e "chegasse ao ponto das questões importantes". Para o autor dos *Ensaios sobre o pauperismo* era fundamental o testemunho de rua dos ricos (Carta de Alexis de Tocqueville a Louis de Kergolay, Baugy, 4/XII/1836)[2]. A mansão de Tocqueville a quinze léguas de Paris era um castelo familiar construído na época de Luis XIII. Ainda em 1857, Tocqueville o descreve com a nostalgia de um aristocrata com fé em seu corpo de origem, que retorna momentaneamente à sede de uma grande família. Não pode senão lamentar-se, então, dois anos antes de sua morte, à vista da série de abusos sofridos pelo entorno natural do castelo, em seus elementos decorativos e por seu regime de aluguel (Monty 1861: 38, 39).

---

2 Toda a correspondência citada se encontra em Tocqueville; Kergolay, 1977.

3. A "arte de observar": Experiência e observação, prova e conjectura

Indubitavelmente, a nítida formação de Tocqueville em outros economistas prévios o influenciou. A noção "economia política" é utilizada desde o século XVI por Antoine de Montchrestien de Vatterville, e recebeu impulso ao final do século XVIII. A cátedra de "Economia política" foi criada no Collège de France em 1830 e seu primeiro titular foi Jean-Baptiste Say, morto em 1832. Tocqueville se movia dentro deste incipiente mundo econômico na França. Na sua época, os economistas eram conscientes de que a economia política era uma ciência recente. Em vista das opiniões divergentes que os economistas refletiam, seu estatuto neutro era discutido. Mas vinculavam a liberdade de pensamento e a consequente diversidade de opiniões ao avanço da ciência econômica. Só o economista sabia peneirar as opiniões ouvidas, como preconceitos, interesses ou ideias acertadas, com sua robusta experiência. Então, viam-se a si mesmos como defensores de uma ciência jovem que podia arejar descobrimentos novos com um tempo de dedicação não demasiado largo (Droz 1837: V-XIII). Mas Tocqueville estava longe de alguns de seus pressupostos.

Ainda se discutia na França se era melhor chamar estes conhecimentos de "economia política" ou "economia social". As revistas especializadas no homem mesclavam filosofia, psicologia, pedagogia e sociologia, com grande frequência. Havia uma falta de especialização. Só muito avançado no século XIX, houve uma escola de sociologia positiva organizada em torno de mestres, discípulos e revistas muito conectadas aos avanços sociais internacionais. Em 1834, Tocqueville tinha plano de fundar uma revista com Beaumont e Kergolay que não foi adiante (Carta de Alexis de Tocqueville a Louis de Kergollay, Paris, 21/IX/1834). Por isso, as referências intelectuais cruzadas entre eles – por exemplo, o interesse compartilhado por Pellegrino Rossi, jurista e economista, sucessor de Say no Collège de France (Carta de Louis de Kergolay a Alexis de Tocqueville, Paris, 10/IX/1834) – não ultrapassam um alambique privado extremamente produtivo.

Estes pioneiros da economia política francesa foram fundamentais na origem das ideias econômicas de Tocqueville. Jean-Baptiste Say supunha que as sociedades políticas eram como corpos vivos semelhantes a um corpo humano. A economia política era o estudo da natureza e das funções diferentes do corpo humano. Este corpo social não podia ser o efeito da arte dos legisladores ou dos magistrados. Isso porque existem algumas características do corpo social que atuam como "natureza das coisas". As deformidades possíveis destas sociedades – segundo Say – não são alteráveis por sociedades imaginadas, por utopias. A vontade do homem pode organizar a sociedade, mas as partes que compõem o corpo social têm uma estrutura natural. Os agentes sociais podem revigorar a vida destes corpos sociais, mas não fazê-los viver. A organização artificial dos homens dispõe seus elementos orgânicos de uma forma ou de outra mais saudável, mas as leis naturais da sua manutenção ou destruição são universais para todos os tempos e todos os contextos geográficos. Estes economistas do século XIX atribuíam à economia política ou social o estudo das leis naturais e constantes – os fatos estáveis – das sociedades humanas, para que estas possam subsistir. Say rejeitava o estudo das circunstâncias políticas de um país concreto – algo que Tocqueville aborda –, pois a forma concreta destas é o resultado de um acontecimento ou de um preconceito nacional, alheios ao seu método. A "arte de observar", para Jean-Baptiste Say, poderia basear-se na *experiência* quando os fenômenos possam repetir-se ao seu ritmo. Mas a *observação* era necessária quando se apresentavam segundo a cadência natural dos acontecimentos. A experiência podia estabelecer princípios ou leis gerais, conexões causais universais, como uma prova. A partir destes, cabem planos de conduta. Este plano da experiência é – segundo Say – o próprio da economia política como ciência. Uma ciência alheia às conjecturas e às hipóteses. Esta economia científica poderia conhecer as causas e os efeitos das partes do corpo social e até prever o que acontecerá no futuro. As leis do corpo social, em seu raciocínio, são tão naturais e inelutáveis como as leis do corpo humano. Mas, para Say, o homem faz seu destino: parte dos males sociais reside em nossa condição e natureza das coisas, enquanto outros são de criação humana. A economia deveria ter uma influência futura sobre os governos para dirigir saudavelmente as sociedades. E sua influência seria mais efetiva e honesta que a dos charlatães. Mas Say diferenciava este conhecimento científico, comprovado na experiência, da "arte de governar". Por mais que estudemos a natureza das coisas sociais, nenhum homem imensamente instruído conhece as combinações infinitas que regem incessantemente o movimento do universo (social). A autoridade das coisas é superior à autoridade dos homens. Apelava à necessária instrução econômica da política efetiva. Mas conhecia as limitações da economia política na compreensão da cadeia de causalidades que determinam os fenômenos sociais. Sopesava "a impotência do exame". Aliás, não conjecturava sobre a origem e a natureza das sociedades. O selvagem e o civilizado inspiravam a Rousseau e Tocqueville conjecturas que pouco interessava a Say (Say 1840: 1-30)

A "arte de observar" de Tocqueville não alcança a experimentação postulada por Say. Limita-se à observação de fatos emergentes e admite conjecturas sem encontrar provas. O primeiro e o segundo *Ensaios sobre o pauperismo* assentam-se em raciocínios, experiências nacionais comparadas, iniciativas locais de caráter bancário, opiniões econômicas, doutrinas políticas, testemunhos presenciais captados *in situ*... Mas a experimentação não cabe a Tocqueville e a prevenção da praga social que representa o pauperismo é um desiderato no segundo *Ensaio sobre o pauperismo*. Apesar disso, Tocqueville não renunciou a uma nova ciência política social que enfrentasse governar para limitar os piores efeitos da modernidade: o pauperismo industrial é uma manifestação de morbidez social. À diferença de Say, Tocqueville enfrenta a "arte de governo" – não só o conselho científico ou a ilustração do Estado – com a presteza política que marca o ciclo histórico. Não é um cientista social "tout court" da época, mas um reformador social. Weber compartilha com Tocqueville um *pathos* da ação não menos que o afã observador. Ambos armazenam a energia catilinária da ação. Por um lado, Weber encara, desde a regeneração política auspiciada pela classe média, a crise alemã depois da I Guerra Mundial e os dilemas da República de Weimar. Por outro lado, com certas concomitâncias, Tocqueville, a partir de uma concepção viril e aristocrática da virtude, deseja minimizar os piores efeitos que a industrialização democrática trouxe. Enfrentaram a vertigem social com uma sociologia qualitativa baseada em tipos sociais capazes de compreender o caos histórico. Tocqueville abre um caminho metodológico tortuoso, para a economia e para a sociologia, pelo qual transita Weber com maior precisão.

4. O *estamento do sociólogo*

A correspondência entre Alexis de Tocqueville e Louis de Kergolay é a melhor mostra da formação do método de observação daquele. Kergolay seguiu todos os trabalhos de Tocqueville e foi seu arsenal teórico e amigo íntimo durante toda a sua vida (Kergolay 1861). O interesse ativo de Kergolay pela viagem de Tocqueville aos Estados Unidos foi semelhante ao do autor de *A democracia na América* pela experiência de seu amigo em Geislingen em relação ao sistema prussiano e aos limites da centralização com organização provincial e comunal alemãs. E o desconsolo de Kergolay por não chegar a dominar o alemão e ver truncada sua viagem à Prússia foi aliviado pelo seu mais íntimo, pronto a tirar importância do suposto detalhe (Carta de Alexis de Tocqueville a Louis de Kergolay, 4/VII/1837). Afinal de contas, as terras que Tocqueville mais desejava recorrer depois de Inglaterra eram as da Prússia (Carta de Alexis de Tocqueville a Louis de Kergolay, Nacville, 10/X/1836). Tocqueville manteve grande curiosidade pelos materiais reunidos por Gustave de Beaumont na Irlanda, que deu lugar a *L'Irlande sociale, politique et religieuse* (Paris, 1839) em colaboração com Grosselin. Mas Tocqueville observa em Kergolay o "espírito da viagem", caracterizado pela maior curiosidade e exigências esgotadoras. Algumas dificuldades familiares abatem Kergolay, mas Tocqueville supõe que o livro que seu amigo prepara sobre sua própria viagem deverá ter o mesmo êxito que conseguiu *A democracia na América*. "Pois, após tudo, e sem cortesias inúteis – assinala –, te considero meu mestre". (Carta de Alexis de Tocqueville a Louis de Kergolay, 4/IX/1837). Há três homens em relação aos quais Tocqueville vive cada dia um pouco – Pascal, Montesquieu e Rousseau –, o quarto é Kergolay (Carta de Alexis de Tocqueville a Louis de Kergolay, Baugy, 10/X/1836). Nesta correspondência, se encontram a aristocracia, a monarquia e a masculinidade – observadas por Elster como preconceitos – e outros valores ideais como o estoicismo, a solidão do enclausuramento do monge com os livros, as estratégias matrimoniais, o elitismo, o militarismo, a desejo ideal de viagens à China e real à Argélia, o amor amistoso como refúgio, a restituição de uma honra gótica questionada com as pistolas e a exaltação da energia para não levar uma existência devota de batatas como os camponeses... São outros elementos psicológicos e espirituais com que se vai configurando a retina do observador social e do político. Aquele projeto irrealizado da revista forjada entre amigos detalha as bases desta perspectiva social.

> "Entendo que nossa revista se mantenha completamente fora das questões políticas propriamente ditas, ou seja, deixará de lado todas as questões de dinastia e partirá do tempo atual como de um fato incontestável do qual não se questiona sua legitimidade, que se toma puramente como um fato.
>
> Estou longe de querer, no entanto, que a revista não tenha uma cor; mas quero que a cor seja mais genérica. Também, enquanto que todos os esforços da economia política de nossos dias me parecem tender a materializar-se, gostaria que a tendência da revista fosse de pôr em relevo o lado mais imaterial desta ciência, que buscasse fazer penetrar as ideias, os sentimentos de moralidade como os elementos de prosperidade e de felicidade; que buscasse

reabilitar o espiritualismo na política e o tornasse popular fazendo sentir a utilidade. Gostaria que esta mesma tendência espiritualista se encontrasse em sua maneira de tratar as outras ciências e as artes.

Se quisesse desenvolver esta ideia por aplicações e exemplos faria um tratado, o que não tenho nem a faculdade nem a vontade de fazer neste momento. Mas acredito que este esclarecimento geral será suficiente para que compreendas qual será meu fim impulsionando uma publicação de revista" (Carta de Alexis de Tocqueville a Louis de Kergolay, Paris, 28/IX/1834).

Eram conscientes de que precisavam reforçar o estabelecimento dos saberes. Seria uma revista do que hoje chamamos resenhas das publicações interessantes editadas em seu país e no exterior, sem artigos originais, contos ou fragmentos como as demais revistas francesas (Carta de Alexis de Tocqueville a Louis de Kergolay, Paris, 28/IX/1834). Não se trataria de imitar *a Revue des Deux Mondes* (1829) senão de elaborar um *Année Sociologique* (1898), que muito tempo depois viria a estabelecer Émile Durkhiem na França. Kergolay o previne de não incorrer na *Revue britannique* (1825) que utiliza autores reconhecidos com argumentos de autoridade dirigidos a um péssimo resultado: "converter-se em órgão da transformação dos homens em máquinas – assinala Tocqueville – para uma centralização puramente administrativa". Viveram a mecanização do mundo atual, que já abria caminho, como uma prisão. O fim e a utopia daqueles que não se dedicam à política prática são – para o amigo e intelectual mais próximo a Tocqueville – repelir um nível intelectual puramente administrativo (Carta de Louis de Kergolay a Alexis de Tocqueville, Paris, 10/X/1834). Nesta automatização dos homens, Tocqueville e Kergolay viam a dissecação dos necessários sentimentos que acompanham uma visão social crítica. Tocqueville reconhecia discrepâncias com seu amigo na maneira de pensar sobre algum objeto, mas uma unidade total na maneira de sentir.

Juntos constituem um ponto de vista filosófico-social, mais concretamente estoico, que se ergue sobre os prazeres materiais da massa. Distanciar-se e observar a sociedade requer permanecer alheio a seus estímulos correntes. Tocqueville aprecia em Kergolay sua plenitude de sensibilidade e coração singulares. Ambos estão anos luz da experiência dos pobres. Na realidade, o alento de uma alma patrimonialista frente ao "pauperismo" é uma terapia material. Deixam a um momento posterior, e sobretudo a caracteres elevados e minoritários, uma possível singularização moral. O "materialismo honesto" é, para ambos, o destino das classes mais vulgares. A este materialismo, que representa a salvação do pobre, se negam os homens e mulheres com graça na alma e no espírito. Kergolay e Tocqueville compartilham uma direção espiritual estoica frente aos pesares cotidianos mais elementares. Estudam as "tristezas da vida" como "acontecimentos de guerra" e sacodem de si suas más impressões. Realizam um severo processo de individuação e se sentem tanto mais diferentes quanto mais conhecem homens semelhantes uns aos outros como "velhas peças de moedas", que não se diferenciam minimamente umas das outras (Carta de Louis de Kergolay a Alexis de Tocqueville, Fousseuse, 16/VIII/1836; Carta de Alexis de Tocqueville a Louis de Kergolay, Paris, 24/X/1836).

A frieza das análises de Louis de Kergolay na viagem à Alemanha é uma grande surpresa para Tocqueville. Pelo aspecto admirável, Tocqueville considera que esse olhar gélido é necessário. Avalia que os homens entram e saem de experiências trabalhosas sem nenhuma capacidade para refletir sobre as impressões e estados de ânimo que os ocasionaram. Em contrapartida, Louis de Kergolay é tão frio como o regicida Damiens, tão rápido a ver, ainda vivo, os pedaços de seu próprio corpo esquartejado por uma arrancada de cavalos antes de serem lançados ao fogo. Nenhum filósofo grego demonstrou tanta frieza de espírito como seu amigo – assinala Tocqueville –, de um ponto de vista moral e político com sua própria perspectiva. O elogio era extraordinário, pois ambos tinham os estoicos muito presentes, a Sócrates e a Platão e ao mais irônico dos próprios filósofos com seu grêmio: Luciano de Samosata. No entanto, o olhar de Tocqueville se completa com a necessária imersão do "espírito no estado positivo e enérgico necessário à produção mais completa das ideias". Paixão e razão se atam em um e outro amigo frente ao saldo de solidão que deixa para ambos a investigação social. Sobre a virtude pública, concluem, não temos regras prévias e é preciso andar sozinhos. Não há princípios prévios que orientem a ação política. Resta uma integridade de caráter e uma independência à prova das maiores combustões vindas do poder. Kergolay defende a independência mesmo frente ao seu ser mais querido: Tocqueville. E o autor *de A democracia na América* o aconselhava a entrar no microondas dos mais rápidos descongelamentos: o casamento, porque, apesar das reticências de seu amigo com as mulheres, certas companheiras podem respeitar-lhe no trabalho (Carta de Louis de Kergolay a Alexis de Tocqueville, 14/I/1837; Cartas de Alexis de Tocqueville a Louis de Kergolay, 4/XII/1836; Cherbourg 21/VI/1837; 4/IX/1837).

De tão escassas pode-se contabilizar as mulheres de Max Weber (Gonzales García 1996). Uniu-se a uma estupenda intelectual que não só o acompanhou, mas também parafraseou a investigação e detalhou o contexto sciointelectual que compartilharam (Weber 1995). Mas em matéria de investigação a salvação ocorre ainda menos que no casamento. O sábio de Heidelberg manteve pudoroso silêncio sobre sua intimidade. Por outro lado, falou e escreveu sobre questões metodológicas com o pesar de quem fala muito, por necessidade, de algo que não anda bem. Ao final, estamos sós frente a decisões fundamentais. Weber disse certeiramente, referindo-se ao "velho Mill", que, quando se sai do mero dado empírico, encontramo-nos frente ao politeísmo valorativo das decisões. Neste mesmo sentido, nem a paixão indeclinável nem o olhar de iceberg puderam concluir em princípios científicos incontestáveis que orientassem as decisões políticas deste grupo de amigos franceses de Paris. Tampouco Weber alcançou maior fortuna com a investigação social voltada para sua época. A República de Weimar acabou incendiando-se lentamente. E a Tocqueville e Kergolay não lhes coube senão pressagiar o triunfo da democracia de massas que depois Weber atacou com desconsolo. A ciência não evitou o desastre. Depois de tudo, a viagem metodológica tem suas paixões e numerosas motivações. Nada evita, seja a custódia dos presos ou a regeneração dos miseráveis, que requeiram decisões sem bússola e timão firme. Do mesmo modo que ocorre com a escolha do consorte. Por mais que viaje, só se chega ao porto ficticiamente. Fazer a travessia em primeira assegura não encontrar-se com os odores e com o lixo da miséria. Mas a podridão ou o desespero inundam, em qualquer caso, tanto aos ricos como aos imensamente pobres.

Referências bibliográficas

ARON, Raymond. *Les étapes de la pensé sociologique*, Gallimard, París, 1967, 663 p.

DROZ, Joseph. *Économie politique ou principes de la science des richesses*, Bruxelas, Société Belga de Librairie Hauman, Cattoir et Cie, 1837, 271 p.

FOUCAULT, Michel. *Naissance de la biopolitique. Cours au Collège de France*, 2004, 368 p. (trad. cast. Horacio Óscar Pons, *Nacimiento de la biopolítica. Curso del Colegio de Francia (1978-1979)*, Madrid, Akal, 2012, 352 p.

ELSTER, John. *Political Psychology*, Cambridge University Press, 1993 (trad. cast. Alcira Bixio, *Psicología política*, Gedisa, Barcelona, 1995, 214 p.).

GAUCHET, Marcel. *La Révolution des droits de l'homme*, París, Gallimard, 1989, 341 p.

GONZALES GARCIA. José. "Max Weber: Razones de cuatro nombres de mujer", *Mujeres y hombres en la formación de la teoría sociológica* (Coord. María Ángeles Duránheras), Madrid, Centro de Investigaciones Sociológicas, 1996, p. 181-206.

MARSHALL, T. H.; BOTTOMORE Tom. *Citizenship and Social Class*, Londres, Pluto Press, 1992 (trad. cast. Pepa Linares, *Ciudadanía y Clase social*, Madrid, Alianza Editorial, 1998, primera reimpresión 2007, 149 p.).

KERGORLAY, Louis de. *Étude Littéraire sur Alexis de Tocqueville*, Paris, Douniol, 1861.

MELOSSI, Dario; PAVARINI, Massimo. *Carcere e fabbrica. Alle origini del sistema penitenziario (XVI-XIX secolo)*, Bolonia, Il Mulino, 1977 (1982) (trad. cast. Jorge Tula, Cárcel y fábrica: *los orígenes del sistema penitenciario (siglos XVI-XIX)*, México, Siglo XXI, 1985, 237 p.

MONTY, Leopold. "Alexis de Tocqueville", *Revue Européenne*, III, Tomo XIV, 1861, 824 p., p. 37-64.

ROS, Juan Manuel. "Estudio preliminar", *Memoria sobre el pauperismo*, de Alexis de Tocqueville, (Estudio preliminar, traducción y notas de Juan Manuel Ros), Madrid, Tecnos, 2003, XXXIV+77 p. 9.

ROS Juan Manuel; SAUQUILLO. Julián: Estudio preliminar, traducción y notas de *Del sistema penitenciario en Estados Unidos y su aplicación en Francia* (2005). Vid. Tocqueville, Alexis y Beaumont, Gustave.

SAY, Jean-Baptiste. *Cours complet d'économie politique pratique*, Bruxelas, Société Belga de Librairie Hauman et Cie, 1840, 622 p.

TOCQUEVILLE, Alexis de; KERGOLAY, Louis de. *Correspondence d'Alexis de Tocqueville et de Louis de Kergorlay, Oeuvres complètes*, Tomo III (Edición definitiva publicada bajo la dirección de J.-P. Mayer; texto establecido por André Jardin; introducción y notas de Jean-Alain Lesourd), París, Gallimard, 1977, 495 p.

TOCQUEVILLE, Alexis; BEAUMONT, Gustave. *Del sistema penitenciario en Estados Unidos y su aplicación en Francia* (estudio preliminar, traducción y notas Juan Manuel Ros y Julián Sauquillo), Madrid, Tecnos, 2005, LXV+363 p.

WEBER, Marianne. *Max Weber: Una biografía* (trad cast. Javier Benet y Jorge Navarro), Valencia, Alfons el Magnànim, 1995, 965 p.).

ENSAIO SOBRE O PAUPERISMO[1]
ALEXIS DE TOCQUEVILLE

Primeira parte

Do desenvolvimento progressivo do pauperismo nos modernos e dos meios empregados para combatê-lo

Quando percorremos os diversos países da Europa, nos surpreendemos com um espetáculo extraordinário e aparentemente inexplicável. Os países que parecem os mais miseráveis são aqueles que, na realidade, contam com o menor número de indigentes, e nos povos cuja opulência se admira, uma parte da população é obrigada, para viver, a recorrer aos donativos da outra.

Que se atravessem os campos da Inglaterra, acreditar-nos-emos transportados ao Éden da civilização moderna. As estradas magnificamente conservadas, residências frescas e limpas, gordos rebanhos errantes nas ricas pradarias, agricultores plenos de força e de saúde, a riqueza mais ofuscante do que em qualquer país do mundo, a simples comodidade mais ornada e mais aprimorada que em outros lugares; em toda parte o aspecto do cuidado, do bem-estar e de ociosidade; um ar de prosperidade universal que acreditamos respirar na própria atmosfera e que faz estremecer o coração a cada passo: assim aparece a Inglaterra aos primeiros olhares do viajante.

Que se entre agora no interior das comunas; que se examinem os registros das paróquias e descobrir-se-á, com um espanto inexprimível, que um sexto dos habitantes deste reino florescente vive às custas da caridade pública.

Ao transportarmos à Espanha e, sobretudo, a Portugal o cenário de nossas observações, um espetáculo completamente oposto saltará aos nossos olhos. Encontraremos sobre o caminho uma população malnutrida, malvestida, ignorante e grosseira, vivendo em campos mal cultivados e em habitações miseráveis; em Portugal, porém, o número de indigentes é pouco considerável. Senhor de Villeneuve estima que se encontra neste reino um pobre para cada vinte e cinco habitantes. O célebre geógrafo Balbi tinha anteriormente indicado a cifra de um indigente para cada noventa e oito habitantes.

Em lugar de comparar entre si países estrangeiros, que oponhamos as diversas partes do mesmo império umas às outras e chegaremos a um resultado análogo: veremos crescer proporcionalmente, de uma parte, o número daqueles que vivem na comodidade, e, de outra, o número daqueles que, para viver, recorrem às doações do público.

A média dos indigentes da França, segundo os cálculos de um escritor consciencioso, do qual estou longe de aprovar todas as teorias, é de um pobre para cada vinte habitantes. Mas observamos imensas diferenças entre as diversas partes do reino. O departamento *du Nord*, que é certamente o mais rico, o mais povoado e o mais avançado em todas as coisas, tem quase um sexto de sua população dependente dos recursos da caridade. Na *Creuse*, o mais pobre e o menos industrial de todos os nossos departamentos, não se encontra senão um indigente para cada cinquenta e oito habitantes. Esta estatística indica que a *Manche* tem um pobre para cada vinte e seis habitantes.

Penso que não é impossível dar uma explicação razoável a este fenômeno. O efeito que acabo de indicar se deve a muitas causas gerais que seria demasiado penoso aprofundar, mas que podemos ao menos indicar.

Aqui, para bem fazer compreender meu pensamento, sinto a necessidade de remontar por um momento até a origem das sociedades humanas. Descerei, em seguida, rapidamente o rio da humanidade até nossos dias.

Eis os homens que se reúnem pela primeira vez. Eles saem das florestas, ainda selvagens, se associam não para gozar a vida, mas para encontrar os meios de viver. Um abrigo contra a intempérie das estações, uma alimentação suficiente, tais são os objetivos de seus esforços. O espírito dos homens não vai além destes bens, e se eles os obtêm sem dificuldades, se contentam com seu destino e adormecem no seu ocioso conforto. Vivi no meio de povoados bárbaros da América do Norte, lastimei seu destino, mas eles não acham nada cruel. Deitado no meio da fumaça de sua tenda, coberto de vestimentas grosseiras, obra de suas mãos ou produto de sua caça, o índio olha com piedade nossas artes, considerando como uma sujeição fatigante e vergonhosa os refinamentos de nossa civilização. Ele só inveja nossas armas.

Chegados a este primeiro estágio desta sociedade, os homens têm ainda muito poucos desejos, eles ressentem apenas aquelas necessidades análogas às dos animais. Somente descobriram na organização social o meio de satisfazê-las com menos dificuldade. Antes que a agricultura lhes fosse conhecida, viviam da caça. No momento em que aprenderam a arte de fazer a terra produzir a colheita, tornaram-se cultivadores. Então, cada um tira do campo, que lhe foi destinado em partilha, o produto para sua alimentação e de seus filhos. A propriedade da terra é criada e com ela vemos nascer o elemento mais ativo do progresso.

No momento em que os homens possuem a terra, se fixam. Encontram na cultura do solo recursos abundantes contra a fome. Com a vida assegurada, começam a pressentir que há na existência humana outras fontes de prazer além da satisfação das primeiras e mais imperiosas necessidades da vida.

Enquanto os homens foram errantes e caçadores, a desigualdade não pôde se introduzir entre eles de uma maneira permanente. Não existia sinal exterior que pudesse estabelecer de modo durável a superioridade de um homem e, sobretudo, de uma família sobre outra família ou sobre outro homem; e se este sinal existisse, não poderia ser transmitido aos seus filhos. Mas desde o instante em que se conheceu a propriedade da terra, e os homens converteram as vastas florestas em ricos campos e abundantes pradarias, desde esse momento, vemos os indivíduos reunirem em suas mãos muito mais terra do que necessitam para se alimentar e perpetuar a propriedade para sua posteridade. Daí a existência do supérfluo; com o supérfluo nasce o gosto por prazeres diferentes da mera satisfação das necessidades mais grosseiras da natureza física.

É neste estágio das sociedades que se deve colocar a origem de quase todas as aristocracias.

Enquanto alguns homens já conhecem a arte de concentrar nas mãos de um pequeno número, com a riqueza e o poder, quase todos os prazeres intelectuais e materiais que pode apresentar a existência, a multidão meio selvagem ignora ainda o segredo de estender o conforto e a liberdade a todos. Nesta época da história do gênero humano, os homens já abandonaram as grosseiras e orgulhosas virtudes que nasceram nas florestas; eles perderam as vantagens da barbárie, sem adquirir as que a civilização pode dar. Ligados à cultura do solo como seu único recurso, ignoram a arte de defender os frutos de seus trabalhos. Colocados entre a independência selvagem, que já não podem mais desfrutar, e a liberdade civil e política que eles ainda não compreendem, são abandonados sem recurso à violência e ao ardil, e se mostram prontos a padecer todas as tiranias, contanto que os deixem viver, ou antes vegetar, próximos dos sulcos de seus arados.

É então que a propriedade da terra se aglomera excessivamente, que o governo se concentra em certas mãos. É então que a guerra, em lugar de colocar em perigo o estado político dos povos como acontece nos nossos dias, ameaça a propriedade individual de cada cidadão; que a desigualdade atinge no mundo seus limites extremos e que vemos expandir o espírito de conquista que foi como o pai e a mãe de todas as aristocracias duráveis.

Os bárbaros, que invadiram o império romano no final do século IV, eram selvagens que tinham percebido o que a propriedade da terra apresenta de útil e quiseram usufruir exclusivamente das vantagens que ela pode oferecer. A maior parte das províncias romanas que eles atacaram eram povoadas por homens ocupados com a cultura da terra desde muito tempo, cujos costumes estavam amolecidos pelas ocupações pacíficas dos campos e nos quais, entretanto, a civilização não tinha ainda feito progressos suficientes para colocá-los em condições de lutar contra a impetuosidade primitiva de seus inimigos. A vitória colocou nas mãos dos bárbaros não somente o governo, mas a propriedade dos terços. O agricultor, de possuidor tornou-se arrendatário. A desigualdade infiltrou-se nas leis, tornou-se um direito depois de ter sido um fato. A sociedade feudal se organizou e vimos nascer a Idade Média. Se prestarmos atenção ao que se passa no mundo desde a origem das sociedades, descobriremos facilmente que a igualdade não se encontra senão nos dois extremos da civilização. Os selvagens são iguais entre eles porque são todos igualmente fracos e ignorantes. Os homens muito civilizados podem se tornar iguais porque todos eles têm à sua disposição meios análogos de alcançar o conforto e a felicidade. Entre estes dois extremos se encontra a desigualdade de condições, a riqueza, as luzes, o poder de uns, a pobreza, a ignorância e a fraqueza de todos os outros.

Hábeis e sábios escritores já trabalharam para tornar conhecida a Idade Média, outros trabalham ainda, e entre estes podemos contar com o secretário da *Sociedade acadêmica de Cherbourg*. Deixo, portanto, esta grande tarefa a homens mais capazes de cumpri-la do que eu, quero aqui examinar apenas um canto do imenso quadro que os séculos feudais desenrolam aos nossos olhos.

No século XII, o que foi chamado desde então de terceiro estado não existia ainda. A população estava dividida apenas em duas categorias: de um lado, aqueles que cultivavam o solo sem o possuir, de outro, aqueles que possuíam o solo sem o cultivar.

Quanto a esta primeira classe da população, imagino que, sob certos aspectos, seu destino era menos lamentável do que a dos homens do povo de nossos dias. Aqueles homens que dela faziam parte, com mais liberdade, elevação e moralidade que os escravos de nossas colônias, se encontravam, entretanto, em uma posição análoga. Seus meios de existência eram quase sempre assegurados; o interesse do senhor se encontrava, sobre este ponto, de acordo com o seu. Limitados em seus desejos, como também em seu poder, sem sofrimento no presente, tranquilos sobre um futuro que não lhes pertencia, gozavam dessa espécie de felicidade vegetativa, a qual é tão difícil ao homem civilizado compreender o charme quanto negar a existência.

A outra classe apresentava um espetáculo oposto. Aí se encontrava uma ociosidade hereditária com o uso habitual e assegurado de um grande supérfluo. Estou longe de acreditar, entretanto, que, mesmo no seio desta classe privilegiada, a busca do prazer da vida fosse levada tão longe como geralmente supomos. O luxo pode facilmente existir no seio de uma nação meio bárbara, mas não o conforto. A comodidade supõe uma classe numerosa na qual todos os membros se ocupam simultaneamente de tornar a vida mais doce e cômoda. Ora, no tempo do qual falo, o número daqueles que não se preocupavam exclusivamente com o encargo de viver era muito pequeno. A existência destes era brilhante, faustuosa, mas incômoda. Comia-se com seus dedos nos pratos de prata ou de aço cinzelado; as vestimentas eram cobertas de arminho e de ouro e a roupa íntima era desconhecida; alojava-se nos palácios cuja umidade cobria as paredes, e sentava-se sobre os assentos de madeira ricamente esculpidos perto de imensas lareiras onde se consumiam árvores inteiras sem emitir calor ao redor delas. Estou convencido de que não há, hoje, cidade provinciana na qual os habitantes saciados não reúnam em sua moradia mais comodidades da vida e não encontrem mais facilidade para satisfazer as mil necessidades que a civilização faz nascer do que o mais orgulhoso barão da Idade Média.

Se fixamos nossos olhares sobre os séculos feudais, descobrimos então que a grande maioria da população vivia quase sem necessidades e que os demais experimentavam apenas um pequeno número delas. A terra bastava, por assim dizer, a todos. O conforto não existia em parte alguma, a subsistência por toda parte.

Era necessário fixar esse ponto de partida para dar a compreender o que vou dizer.

À medida que o tempo segue seu curso, a população que cultiva a terra concebe gostos novos. A satisfação das mais grosseiras necessidades não mais a contentava. O camponês, sem deixar seus campos, quer aí se encontrar mais bem alojado, melhor vestido; ele vislumbrou as doçuras da comodidade e deseja procurá-las. Por outro lado, a classe que vive da terra, sem cultivar o solo, estende o círculo de seus prazeres, que são menos faustuosos, mas mais complicados, mais variados. Mil necessidades desconhecidas aos nobres da Idade Média vêm aguilhoar seus descendentes. Um grande número de homens, que vivia sobre a terra e da terra, deixa, então, os campos e encontra meio de prover sua existência trabalhando para satisfazer essas novas necessidades que se manifestam. O cultivo, que era ocupação de todos, não é mais senão a da maioria. Ao lado daqueles que subsistem da cultura do solo sem trabalhar, situa-se uma classe numerosa que vive do trabalho de sua indústria, mas sem cultivar o solo.

Cada século, escapando-se das mãos do Criador, vem desenvolver o espírito humano, expandir o círculo do pensamento, aumentar os desejos, engrandecer a potência do homem. O pobre e o rico, cada um na sua esfera, concebem a ideia de novos prazeres que seus antecedentes ignoravam. Para satisfazer essas novas necessidades, às quais a cultura da terra não pode bastar, uma porção da população deixa a cada ano os trabalhos do campo para se dedicar à indústria.

Se considerarmos atentamente o que acontece na Europa há vários séculos, nos convenceremos de que, à medida que a civilização fazia progressos, operava-se um grande movimento na população. Os homens deixavam o arado para pegar a lançadeira e o martelo; da choupana eles passavam para a fábrica; agindo assim, obedeciam às leis imutáveis que presidem o crescimento das sociedades organizadas. Não podemos mais, portanto, dar um fim a esse movimento nem impor fronteiras à perfectibilidade humana. O limite de um como da outra só é conhecido por Deus.

Qual foi, qual é a consequência do movimento gradual e irresistível que nós acabamos de descrever?

Uma soma imensa de bens novos foi introduzida no mundo; a classe que permanecia na cultura da terra encontrou à sua disposição uma multidão de prazeres que o século precedente não tinha conhecido; a vida do cultivador tornou-se mais doce e mais cômoda; a vida do grande proprietário mais variada e mais ornada; o conforto se encontrou ao alcance do maior número, mas estes felizes resultados não foram obtidos sem que fosse necessário pagar por eles.

Eu disse que na Idade Média o conforto não existia em parte alguma, a sobrevivência em toda parte. Esta frase resume antecipadamente o que vai seguir. Quando quase a totalidade da população vivia da cultura do solo, encontrávamos grandes misérias e costumes grosseiros, mas as mais urgentes necessidades do homem eram satisfeitas. É muito raro que a terra não possa ao menos fornecer, àquele que a rega com seu suor, algo para acalmar o grito da fome. A população era então miserável, mas vivia. Hoje a maioria é mais feliz, mas se encontra sempre uma minoria na iminência de morrer de necessidade se o apoio público lhe faltar.

Semelhante resultado é fácil de compreender. O lavrador tem por produto os gêneros de primeira necessidade. A venda pode ser mais ou menos vantajosa, mas ela é quase segura; e se uma causa acidental impede o escoamento dos frutos do solo, estes fornecem ao menos do que viver àquele que os apanhou e lhe permitem aguardar tempos melhores.

O operário, pelo contrário, especula sobre necessidades artificiais e secundárias, que mil causas podem restringir, que os grandes acontecimentos podem suspender inteiramente. Quaisquer que sejam as infelicidades dos tempos, a carestia ou o baixo preço dos gêneros, é necessário a cada homem certa quantidade de alimentos sem a qual ele enfraquece e morre, e é certo que sempre farão sacrifícios extraordinários para obtê-los; mas circunstâncias infelizes podem levar a população a recusar certos gozos que aproveitaria sem preocupação em outros tempos. Ora, é com o gosto e o uso destes gozos que o operário conta para viver. Se eles vêm a faltar, não lhe resta nenhum recurso. Sua colheita é queimada, seus campos são tocados pela esterilidade, e por pouco que um estado semelhante se prolongue, ele só avista uma horrível miséria e a morte.

Falei somente da situação em que a população restringiria suas necessidades. Muitas outras causas podem conduzir ao mesmo efeito: uma exagerada produção no próprio reino, a concorrência dos estrangeiros...

A classe industrial que serve tão poderosamente ao bem-estar dos outros é, no entanto, bem mais exposta do que eles aos males súbitos e irremediáveis. Na grande fábrica das sociedades humanas, considero que a classe industrial recebeu de Deus a missão especial e perigosa de prover, sujeitando-se aos perigos, a felicidade material de todos os outros. Ora, o movimento natural e irresistível da civilização tende sem cessar a aumentar proporcionalmente o número daqueles que a compõem. A cada ano, as necessidades se multiplicam e se diversificam, e com elas cresce o número de indivíduos que esperam criar maior conforto trabalhando para satisfazer estas necessidades novas do que mantendo-se ocupados com a agricultura: grande tema de meditação para os estadistas de nossos dias!

É a esta causa que precisamos atribuir principalmente o que acontece no seio das sociedades ricas, onde a abundância e a indigência se encontram em maiores proporções do que em outros lugares. A classe industrial, que fornece os gozos da maioria, é exposta, ela mesma, às misérias que seriam quase desconhecidas se esta classe não existisse.

Entretanto outras causas ainda contribuem ao desenvolvimento gradual do pauperismo.

O homem nasce com necessidades e cria necessidades. As primeiras advêm de sua constituição física, as segundas do uso e da educação. Mostrei que na origem das sociedades os homens tinham somente necessidades naturais, buscando apenas sobreviver; mas, à medida que os gozos da vida se tornaram mais extensos, habituaram-se por desfrutar de alguns, os quais tornaram-se para eles quase tão necessários quanto a própria vida. Citarei o uso do tabaco, porque o tabaco é um objeto de luxo que penetrou até nos desertos e que criou entre os selvagens um prazer artificial, o qual é necessário obter a todo custo. Aos índios o tabaco era quase tão indispensável quanto o alimento, de modo que se viam tentados a recorrer à caridade de seus semelhantes quando privados dele, assim como quando o alimento lhes falta. Eles têm, pois, uma causa de mendicância desconhecida a seus pais. O que eu disse sobre o tabaco se aplica a uma multiplicidade de objetos dos quais não poderiam abster-se na vida civilizada. Quanto mais rica, industriosa e próspera é uma sociedade, mais os gozos da maioria tornam-se variados e permanentes; mais eles são variados e permanentes, mais se assimilam pelo uso e pelo exemplo às verdadeiras necessidades. O homem civilizado é, pois, infinitamente mais exposto às vicissitudes do destino do que o homem selvagem. O que só ocorre ao segundo de tempo em tempo, em algumas circunstâncias, pode acontecer sem cessar e em circunstâncias muito ordinárias ao primeiro. Com o círculo de seus gozos, ampliou o círculo de suas necessidades e ofereceu maior espaço aos golpes da fortuna. Em consequência, o pobre da Inglaterra parece quase rico em relação ao pobre da França; e este ao indigente espanhol. O que falta ao inglês jamais esteve em possessão do francês. E é assim na medida em que se desce na escala social. Nos povos mais civilizados, a falta de uma multiplicidade de coisas causa a miséria; no estado selvagem, a pobreza consiste apenas em não encontrar o que comer.

Os progressos da civilização não expõem somente os homens a muitas misérias novas; eles tendem ainda a aliviar a sociedade de misérias, as quais, num estado pouco civilizado, nem se imaginaria. Num país onde a maioria é malvestida, mal alojada, malnutrida, quem pensa em dar ao pobre uma roupa limpa, uma alimentação saudável, uma casa cômoda? Entre os ingleses, cuja maioria é possuidora de todos estes bens, considera-se uma insuportável infelicidade não desfrutá-los. A sociedade acredita que deve socorrer aqueles que são privados deles e, então, cura os males que ela mesma não perceberia em outro lugar.

Na Inglaterra, a média de gozos que deve esperar um homem na vida é mais alta que em qualquer país do mundo. Isto facilita singularmente a extensão do pauperismo neste reino.

Se todas estas reflexões são justas, compreender-se-á facilmente que, quanto mais as nações são ricas, mais o número dos que recorrem à caridade pública deve se multiplicar, posto que duas causas muito poderosas tendem a este resultado: nestas nações, a classe exposta mais naturalmente às necessidades aumenta sem cessar, e, de outro lado, as necessidades aumentam e se diversificam elas mesmas ao infinito; a possibilidade de se encontrar exposto a alguma destas causas torna-se mais frequente a cada dia.

Que não nos entreguemos, pois, a perigosas ilusões, fixemos sobre o futuro das sociedades modernas um olhar firme e tranquilo. Que não nos deixemos inebriar pelo espetáculo de sua grandeza; que não nos desencorajemos pela visão de suas misérias. Na medida em que o movimento atual da civilização continuar, veremos crescer os prazeres da maioria, a sociedade se tornará mais aperfeiçoada, mais sábia; a existência será mais cômoda, mais doce, mais ornada, mais longa; mas, ao mesmo tempo, saibamos prever que o número daqueles que terão necessidade de recorrer ao apoio de seus semelhantes para recolher uma medíocre parte de todos estes bens crescerá sem cessar. Poderemos desacelerar este duplo movimento; as circunstâncias particulares nas quais os diferentes povos estão colocados precipitarão ou suspenderão seu curso; mas ninguém poderá pará-lo. Apressemo-nos, pois, a procurar os meios de atenuar os males inevitáveis que já são fáceis de prever.

Segunda parte

Há duas espécies de benevolência. Uma, que leva cada indivíduo a aliviar, segundo seus meios, os males que se encontram ao seu alcance. Esta é tão velha quanto o mundo; ela começou com as misérias humanas; o cristianismo fez dela uma virtude divina e a chamou de caridade.

A outra, menos instintiva, mais racional, menos entusiasta, e frequentemente mais poderosa, leva a própria sociedade a se ocupar da infelicidade de seus membros e a velar sistematicamente pelo alívio de suas dores. Esta nasceu do protestantismo e se desenvolveu apenas nas sociedades modernas.

A primeira é uma virtude privada, ela escapa à ação social; a segunda é, ao contrário, produzida e regulada pela sociedade. É, portanto, desta que precisamos nos ocupar especialmente.

Não há, à primeira vista, ideia que pareça mais bela e maior do que a da caridade pública.

A sociedade, lançando um olhar contínuo sobre si mesma, examinando a cada dia suas feridas e se ocupando em curá-las, ao mesmo tempo em que assegura aos ricos o gozo de seus bens, protege os pobres do excesso de sua miséria, solicita a uns uma porção de seu supérfluo para fornecer aos outros o necessário. Há nisto, certamente, um grande espetáculo em presença do qual o espírito se eleva e a alma não poderia deixar de se emocionar.

Por que a experiência deve vir destruir uma parte destas belas ilusões?

O único país da Europa que tem sistematizado e aplicado em grande escala as teorias da caridade pública é a Inglaterra.

Na época da revolução religiosa que mudou a face da Inglaterra, sob Henrique VIII, quase todas as comunidades de caridade do reino foram suprimidas, e como os bens destas comunidades passaram aos nobres e não foram divididos entre as mãos do povo, seguiu-se que o número de pobres então existentes permaneceu o mesmo, enquanto que os meios de prover as suas necessidades foram em parte destruídos. O número de pobres cresceu excessivamente e Elisabete, filha de Henrique VIII, impressionada com o aspecto repugnante das misérias do povo, pensou em substituir as esmolas, que a supressão dos conventos tinha reduzido fortemente, por uma subvenção anual, fornecida pelas comunidades.

Uma lei promulgada no quadragésimo terceiro ano do reinado desta princesa dispôs: que em cada paróquia seriam nomeados inspetores de pobres; estes inspetores teriam o direito de taxar os habitantes a fim de alimentar os indigentes enfermos, e de fornecer trabalho aos outros. À medida que o tempo avançava no seu ritmo, a Inglaterra estava cada vez mais inclinada a adotar o princípio da caridade legal. O pauperismo crescia mais rapidamente na Grã-Bretanha do que em todos os outros lugares. Causas gerais e outras próprias deste país produziam este triste resultado. Os ingleses precederam as outras nações da Europa na vida da civilização. Todas as minhas reflexões anteriores lhes são, então, particularmente aplicáveis, mas há outras que se relacionam apenas a eles mesmos.

A classe industrial da Inglaterra não provê somente as necessidades e os gozos da população inglesa, mas de uma grande parte da humanidade. Seu bem-estar ou suas misérias dependem, portanto, não somente do que acontece na Grã-Bretanha, mas de algum modo de tudo o que se passa sob o Sol! Quando um habitante das Índias reduz sua despesa e diminui seu consumo, existe um fabricante inglês que sofre. A Inglaterra é, pois, o país do mundo onde o agricultor é ao mesmo tempo o mais poderosamente solicitado para os trabalhos da indústria e o mais exposto às vicissitudes da fortuna.

Ocorre, há um século na Inglaterra, o que podemos considerar como um fenômeno, se prestarmos atenção ao espetáculo oferecido pelo resto do mundo. Há cem anos, a propriedade fundiária se divide sem cessar nos países conhecidos; na Inglaterra, se aglomera sem cessar. As terras de médias proporções desaparecem

171

nos vastos domínios; a grande cultura sucede à pequena. Teríamos que dar explicações sobre este assunto e talvez não faltasse algum interesse, mas me desviariam de meu objeto: o fato me basta, ele é constante. Resulta que, enquanto o interesse do agricultor lhe solicita a deixar o charrua e a entrar nas manufaturas, ele é, de algum modo, impelido a isso, apesar de si mesmo, em vista da aglomeração da propriedade fundiária. Pois, guardadas as proporções, é necessário infinitamente menos trabalhadores para cultivar um grande domínio do que um pequeno campo. A terra falta-lhe e a indústria lhe chama. Este duplo movimento lhe conduz. Dos vinte e cinco milhões de habitantes que residem na Grã-Bretanha, não há mais que nove milhões que se ocupam de cultivar o solo; catorze ou quase dois terços seguem os acasos perigosos do comércio e da indústria.*.

O pauperismo tem, pois, crescido mais rápido na Inglaterra do que nos países cuja civilização tinha sido igual à dos ingleses. A Inglaterra, tendo uma vez admitido o princípio da caridade legal, não pôde se desfazer dele. Assim a legislação inglesa dos pobres se apresenta, há duas centenas de anos, como um longo desenvolvimento das leis de Elisabete. Quase dois séculos e meio transcorreram desde que o princípio da caridade legal foi plenamente admitido em nossos vizinhos, de modo que podemos julgar agora as consequências fatais que são produzidas pela adoção deste princípio. Examinemo-las sucessivamente.

O pobre, tendo um direito absoluto à assistência da sociedade, e encontrando em todos os lugares uma administração pública organizada para lhe prover, vemos logo renascer e se generalizar em um país protestante os abusos que a Reforma tinha censurado, com razão, em alguns países católicos. O homem, como todos os seres organizados, tem uma paixão natural pela ociosidade. Há, entretanto, dois motivos que o levam ao trabalho: a necessidade de viver e o desejo de melhorar as condições de existência. A experiência provou que a maior parte dos homens não podia ser suficientemente incentivada ao trabalho senão pelo primeiro destes motivos, e que o segundo era poderoso somente sobre um pequeno número. Ora, uma organização de caridade, aberta indistintamente a todos os que estão necessitados, ou uma lei que dá a todos os pobres, qualquer que seja a origem da pobreza, um direito à assistência pública, enfraquece ou destrói o primeiro incentivo e deixa intacto apenas o segundo. O camponês inglês, assim como o camponês espanhol, não sentindo o vivo desejo de tornar melhor a posição na qual nasceu e de sair de sua esfera, desejo tímido e que desaparece facilmente na maior parte dos homens, não tem de maneira alguma interesse no trabalho, ou, se ele trabalha, não tem interesse nenhum de economizar; ele permanece, portanto, ocioso, ou gasta sem consideração os frutos preciosos de seus labores. Em cada um destes países, chegamos, em vista de causas diferentes, a este resultado, qual seja, a parte mais generosa, mais ativa, mais industrializada da nação consagra sua assistência para fornecer do que viver àqueles que não fazem nada ou fazem um mau uso de seu trabalho.

Estamos bem longe da bela e sedutora teoria que expus mais acima. É possível escapar das consequências funestas de um bom princípio? Para mim, confesso que as considero inevitáveis.

Aqui me interrompem dizendo: "consideras que, qualquer que seja a causa da miséria, a miséria será socorrida; acrescentas que a assistência do público subtrairá dos pobres a obrigação do trabalho; isto é dar por certo o que permanece duvidoso. Quem impede a sociedade, antes de conceder assistência, de pesquisar as causas da necessidade? Por que a condição do trabalho não seria imposta ao indigente vigoroso que se dirige à piedade do público? Respondo que as leis inglesas conceberam a ideia destes paliativos; mas elas fracassaram, e isto se cumpriu sem esforço.

Não há nada tão difícil de distinguir quanto as nuances que separam uma desgraça imerecida de um infortúnio que o vício produziu. Quantas misérias são, ao mesmo tempo, o resultado destas duas causas! Que conhecimento aprofundado do caráter de cada homem e das circunstâncias nas quais ele viveu supõem o julgamento de um aspecto semelhante; quantas luzes, que discernimento seguro, que razão fria e inexorável! Onde encontrar o magistrado que terá a consciência, o tempo, o talento, os meios de se entregar a semelhante exame? Quem ousará deixar morrer de fome o pobre porque este morre por sua culpa? Quem ouvirá seus gritos e refletirá sobre seus vícios? Ao aspecto da miséria de nossos semelhantes, o próprio interesse pessoal se cala; o interesse do tesouro público não seria mais poderoso? E se a alma do fiscal dos pobres permanecesse inacessível a estas emoções, sempre belas, mesmo quando estas se enganam, ficará ela fechada por medo? Tendo em suas mãos as dores ou as alegrias, a vida ou a morte de uma parte considerável de seus semelhantes, da parte a mais desordenada, a mais turbulenta, a mais grosseira, não recuará frente ao exercício deste terrível poder? E se encontrarmos um destes homens intrépidos, encontraremos vários deles? Semelhantes funções não podem ser exercidas senão sobre um pequeno território; é necessário, pois, empossar um grande número de cidadãos. Os ingleses foram obrigados a colocar fiscais de pobres em cada comunidade. O que acontece, portanto, infalivelmente de tudo isso? A miséria sendo constatada, as causas da miséria permanecem incertas: uma resulta de um fato patente, a outra provém de um raciocínio sempre contestável; como a assistência não prejudica a sociedade senão a longo prazo, e como a recusa da assistência é um mal instantâneo aos pobres e aos próprios fiscais, a escolha deste último não será duvidosa. As leis terão declarado que a miséria inocente será a única assistida, a prática virá assistir a todas. Apresentarei raciocínios análogos e igualmente apoiados sobre a experiência quanto ao segundo ponto.

Queremos que a esmola seja o preço do trabalho. Mas, antes de tudo, existem sempre trabalhos públicos a fazer? São eles igualmente repartidos sobre toda a superfície do país, de maneira que não se veja jamais em um distrito muito trabalho a executar e poucas pessoas para prover; e em outro, muitos indigentes a assistir e pouco trabalho para executar? Se esta dificuldade se apresenta em todas as épocas, não se torna insuperável quando, na sequência do desenvolvimento progressivo da civilização, dos progressos da população, do efeito da lei dos pobres, o número de indigentes atinge, como na Inglaterra, o sexto ou o quarto da população total?

Mas mesmo supondo que se encontravam sempre trabalhos a executar, quem se encarregará de constatar sua urgência, de seguir sua execução, de fixar seu preço? O fiscal, este homem, independentemente das qualidades de um grande magistrado, terá, portanto, os talentos, a atividade, os conhecimentos especiais de um bom empreendedor de indústria; ele encontrará no sentimento do dever o que o interesse pessoal seria talvez incapaz de criar: a coragem de constranger aos esforços produtivos e contínuos, a porção mais inativa e mais viciosa da população. Seria sábio se vangloriar disso? É razoável acreditar? Solicitado pelas necessidades do pobre, o fiscal imporá um trabalho fictício, ou mesmo, como isto se pratica quase sempre na Inglaterra, dará o salário sem exigir o trabalho. As leis devem ser feitas para os homens e não em vista de uma perfeição ideal que a natureza humana não comporta, ou da qual ela não apresenta modelos senão de tempos em tempos.

Toda medida que funda a caridade legal sobre uma base permanente e que lhe dá uma forma administrativa cria, pois, uma classe ociosa e preguiçosa, vivendo às custas da classe industrial e trabalhadora. Isto é, se não seu resultado imediato, ao menos sua consequência inevitável. Ela reproduz todos os vícios do sistema monástico, menos as altas ideias de moralidade e de religião que frequentemente a ela estavam reunidas. Semelhante lei é um germe envenenado, colocado ao seio da legislação; as circunstâncias, como na América, podem impedir o germe de desenvolver-se rapidamente, mas não o destrói, e se a geração atual escapa à sua influência, ele devorará o bem-estar das gerações seguintes.

Ao estudar de perto o estado das populações nas quais semelhante legislação está em vigor há muito tempo, descobre-se sem esforço que os efeitos não atuam de modo menos cruel sobre a moralidade que sobre a prosperidade pública, e que ela deprava os homens mais ainda do que os empobrece.

Não há nada que, em geral, eleva e sustenta mais alto o espírito humano do que a ideia dos direitos. Encontra-se na ideia do direito algo de grande e de viril que tira da demanda seu caráter suplicante, e coloca aquele que reclama no mesmo nível daquele que concede. Mas o direito que tem o pobre de obter a assistência da sociedade tem a particularidade de, em lugar de elevar o coração do homem que o exerce, rebaixá-lo. Nos países onde a legislação não cria recursos semelhantes, o pobre, se dirigindo à caridade individual, reconhece, é verdade, seu estado de inferioridade em relação aos seus semelhantes; mas ele reconhece secretamente e por um tempo; no momento em que um indigente é inscrito na lista dos pobres de sua paróquia, ele pode, sem dúvida, reclamar com segurança a assistência; mas o que é a obtenção deste direito senão a manifestação autêntica da miséria, da fraqueza, da má conduta daquele que é seu beneficiário? Os direitos ordinários são conferidos aos homens em razão de alguma vantagem pessoal adquirida por eles sobre seu semelhante. Isto é concedido em razão de uma inferioridade reconhecida. Os primeiros colocam esta vantagem em relevo e a constatam; o segundo coloca em evidência esta inferioridade e a legaliza.

Quanto mais uns são grandes e assegurados, mais eles honram; quanto mais o outro é permanente e *extenso*, mais ele degrada.

O pobre que reclama a esmola em nome da lei está, portanto, em uma posição mais humilhante ainda do que o indigente que recorre à piedade de seus semelhantes em nome de quem vê com seus próprios olhos e submete a iguais leis o pobre e o rico.

Mas isto não é tudo ainda: a esmola individual estabelece ligações preciosas entre o rico e o pobre. O primeiro, por generosidade, se interessa pelo destino daquele que empreendeu aliviar a miséria; o segundo, sustentado pela assistência, que ele não tinha o direito de exigir e que talvez não esperava obter, se sente atraído pelo reconhecimento. Uma ligação moral se estabelece entre estas duas classes que tanto interesses e paixões concorrem para separar, e, divididas pela fortuna, sua vontade os aproxima; de modo algum é assim na caridade legal. Esta deixa subsistir a esmola, mas tira sua moralidade. O rico, que a lei despoja uma parte de seu supérfluo sem o consultar, não vê o pobre senão como um ávido estranho chamado pelo legislador a partilhar de seus bens. O pobre, por seu lado, não sente nenhuma gratidão por uma generosidade que não se pode lhe recusar e que não poderia satisfazê-lo em outro lugar; pois a esmola pública, que assegura a vida, não a torna mais feliz e mais cômoda do que a esmola individual; a caridade legal não impede, portanto, que não tenha na sociedade pobres e ricos, que uns não lancem em torno deles olhares plenos de ódio e de temor, e que outros não pensem em seus males com desespero e com inveja. Longe de tender a unir em um mesmo povo estas duas nações rivais que existem desde o começo do mundo e que chamamos ricos e pobres, ela quebra a única ligação que poderia se estabelecer entre elas, as dispõe cada uma sobre sua bandeira, as enumera e, colocando-as em presença, as dispõe ao combate.

Eu disse que o resultado inevitável da caridade legal era manter na ociosidade o maior número de pobres e de sustentar sua desocupação às custas daqueles que trabalham.

Se a ociosidade na riqueza, a ociosidade hereditária, comprada por serviços ou trabalhos, a ociosidade rodeada da consideração pública, acompanhada do contentamento do espírito, interessada pelos prazeres da inteligência, moralizada pelo exercício do pensamento: se esta ociosidade, digo, foi a mãe de tantos vícios, o que será de uma ociosidade degradada, adquirida pela preguiça, merecida pela má conduta, a qual gozamos no meio da ignomínia e que se torna suportável somente à medida que a alma daquele que a sofre acaba de se corromper e de se degradar?

Que esperar de um homem cuja posição não pode melhorar, pois perdeu a consideração de seus semelhantes, que é a condição primeira de todos os progressos; cuja fortuna não poderia tornar-se pior, pois, estando reduzido à satisfação das mais prementes necessidades, está assegurado que elas serão sempre satisfeitas? Qual ação resta à consciência e à atividade humanas em um ser assim tão limitado por toda parte, que vive sem esperança e sem temor porque ele conhece o futuro, como faz o animal, porque ignora as circunstâncias do destino, concentrado assim como ele no presente e no que o presente pode oferecer de prazeres ignóbeis e passageiros a uma natureza embrutecida?

Que se leiam todos os livros escritos na Inglaterra sobre o pauperismo; que se estudem as investigações ordenadas pelo Parlamento britânico; que se percorram as discussões que tiveram lugar na Câmara dos lordes e na dos comuns sobre esta difícil questão; uma única queixa ecoará em nossos ouvidos: deplora-se o estado de degradação no qual caíram as classes inferiores deste grande povo! A taxa de natalidade aumenta sem cessar; a criminalidade cresce rapidamente; a população indigente se desenvolve excessivamente; o espírito de previdência e de poupança se mostra cada vez mais estranho ao pobre; enquanto que no resto da nação as luzes se espalham, os costumes se suavizam, os gostos tornam-se mais delicados, os hábitos mais polidos, ele permanece imóvel, ou antes retrocede; diríamos que ele recua para a barbárie, e, colocado no meio das maravilhas da civilização, parece se aproximar por suas ideias e por suas tendências do homem selvagem.

A caridade legal não exerce uma influência menos funesta sobre a liberdade do pobre do que sobre sua moralidade. Isto se demonstra facilmente: no momento em que obrigamos as comunas ao dever estrito de assistir aos indigentes, segue-se imediatamente e forçosamente, em consequência, que as comunas não devem assistência senão aos pobres domiciliados em seu território; é o único meio equitativo de igualar a carga pública que resulta da lei, e de proporcioná-la aos meios daqueles que devem suportá-la. Ora, como nos países em que a caridade pública está organizada, a caridade individual é quase desconhecida, resultando que aquele cujos infortúnios ou vícios tornam incapaz de ganhar a vida está condenado, sob pena de morte, a não deixar o lugar onde nasceu. Se ele se afasta daí, passa ao país inimigo; o interesse individual das comunas, de modo muito poderoso e bem mais ativo do que poderia ser a polícia nacional melhor organizada, denuncia sua chegada, espreita seus passos, e se ele quer se fixar em uma nova morada, designa à força pública que o leve ao lugar de partida. Por sua legislação sobre os pobres, os ingleses *imobilizaram* um sexto de sua população. Eles o prenderam à terra como os camponeses da Idade Média. A gleba *forçava* o homem a permanecer, *malgrado sua vontade*, no lugar de seu nascimento; a caridade legal *o impede de querer* se afastar dela. Não vejo senão esta diferença entre os dois sistemas. Os ingleses foram mais longe, e tiraram do princípio da generosidade pública consequências mais funestas ainda e das quais, penso, era possível escapar. As comunas inglesas são tão temerosas que um indigente venha cair sobre seu encargo e obtenha um domicílio no seu seio que, quando um estrangeiro, cuja aparência não anuncia a opulência, se estabelece momentaneamente no meio delas, ou ainda quando um infeliz inesperado vem bater a sua porta, a autoridade municipal se apressa em lhe pedir fiança contra sua miséria futura, e se o estrangeiro não pode fornecer esta fiança, é preciso que se afaste.

Assim a caridade legal não apenas arrebatou a liberdade de locomoção dos pobres da Inglaterra, mas a todos aqueles que a pobreza ameaça.

Eu não poderia, penso, melhor completar este triste quadro do que transcrevendo aqui o seguinte trecho que encontro em minhas notas sobre a Inglaterra.

Em 1833 percorri a Grã-Bretanha. Alguns estavam surpresos com a prosperidade no interior do país: eu pensava na inquietude secreta que trabalhava visivelmente o espírito de todos seus habitantes. Pensava que grandes misérias deviam se esconder sob este manto brilhante que a Europa admira. Esta ideia me faz examinar o pauperismo com particular atenção, esta ferida horrorosa e imensa que se encontrava junto a um corpo pleno de força e de saúde.

Estava hospedado, então, na casa de um grande proprietário do sul da Inglaterra; era o tempo em que os juízes de paz se reuniam para pronunciar a sentença sobre as reclamações manifestadas pelos pobres contra suas comunas, ou das comunas contra os pobres. Meu anfitrião era juiz de paz, e eu o acompanhava regularmente ao tribunal. Encontro em minhas notas de viagem esta pintura da primeira audiência que assisti; ela resume em poucas palavras e ressalta tudo o que precede. Transcrevo com extrema exatidão a fim de imprimir ao quadro o simples selo da verdade.

"O primeiro indivíduo que se apresenta frente aos juízes de paz é um idoso; sua figura é fresca e vermelha, usando uma peruca e vestido com um excelente casaco preto, ele tem o ar de alguém que vive de rendas, se aproxima da barra e reclama com imponência contra a injustiça da administração de sua comuna. Este homem é pobre e a parte que ele recebia da caridade pública foi diminuída injustamente. Expõe a causa para ouvir os administradores da comuna.

"Depois deste fresco e petulante idoso aparece uma jovem mulher grávida, cujas vestimentas anunciam uma pobreza recente e que leva sobre seus traços desvanecidos a impressão de dor. Ela expõe que seu marido partiu há alguns dias para uma viagem no mar, e desde então ela não recebeu dele nem notícia, nem ajuda, ela reclama a esmola pública, mas o administrador dos pobres hesita em lhe conceder. O sogro desta mulher é um comerciante abastado, ele habita a mesma cidade onde o tribunal tem suas seções, e se espera também que ele queira, na ausência de seu filho, se encarregar de sustentar sua nora; os juízes de paz convocam este homem; mas ele se recusa a cumprir os deveres que a natureza lhe impõe e que a lei não obriga. Os magistrados insistem; eles procuram fazer nascer o remorso ou a compaixão na alma egoísta deste homem, seus esforços fracassam, e a comuna é condenada a pagar a assistência que se reclama."

"Após esta pobre mulher abandonada, vem cinco ou seis homens grandes e vigorosos. Eles estão na força da juventude, sua atitude é firme e quase insultante. Eles se queixam dos administradores de suas aldeias que recusam a lhes dar trabalho, ou na falta de trabalho, uma assistência."

"Os administradores replicam que a comuna não tem neste momento nenhum trabalho a executar; e quanto à assistência gratuita, não é devida, dizem, porque os reclamantes encontrariam facilmente um emprego de suas habilidades no âmbito privado, se eles o quisessem".

"*Lord* X, com o qual eu vim, me disse: O senhor acaba de ver uma pequena mostra dos numerosos abusos que a lei dos pobres produz. O idoso que se apresentou em primeiro lugar, provavelmente tem do que viver, mas pensa que tem o direito de exigir que o sustentemos na comodidade, e não se envergonha de reclamar a caridade pública, que perdeu aos olhos do povo sua característica penosa e humilhante. A jovem mulher, que parece honesta e infeliz, seria certamente socorrida por seu sogro, se a lei dos pobres não existisse, mas o interesse faz calar nele o grito da vergonha, e ele descarrega sobre o público uma dívida que apenas ele deveria quitar. Quanto aos jovens que se apresentaram por último, eu os conheço. Moram na minha aldeia, são cidadãos muito perigosos, e de fato, maus sujeitos; gastam em poucos instantes nos cabarés o dinheiro que ganham, porque sabem que o Estado virá socorrê-los; assim, você viu que na primeira dificuldade causada pela falta, eles se dirigem a nós".

"A audiência continua. Uma jovem mulher se apresenta à barra, o fiscal dos pobres de sua comuna a segue, uma criança a acompanha; ela se aproxima sem dar o menor sinal de hesitação, o pudor não faz sequer inclinar seu olhar. O fiscal a acusa de ter tido, em comércio ilegítimo, a criança que porta em seus braços".

"Ela o confessa sem esforço. Como é indigente e a criança bastarda, se o pai permanecesse desconhecido, ficariam, a criança e a mãe, ao encargo da comuna; o fiscal a intima a nomear o pai, o tribunal lhe faz prestar juramento. Ela designa um camponês da vizinhança. Este, que está presente à audiência, reconheceu complacentemente a exatidão dos fatos, e os juízes de paz o condenam a sustentar a criança. O pai e a mãe se retiram sem que este incidente cause a menor emoção na assembleia acostumada a semelhantes espetáculos."

181

"Após esta jovem mulher se apresenta outra. Esta vem voluntariamente; ela aborda os magistrados com a mesma indiferença petulante que mostrou a primeira. Ela se declara grávida e nomeia o pai da criança que vai nascer; este homem está ausente. O tribunal estabelece um outro dia para citá-lo."

"*Lord* X me disse: Eis ainda os funestos efeitos produzidos pela mesma lei. A consequência mais direta da legislação sobre os pobres é a de colocar ao encargo do público o sustento das crianças abandonadas que são as mais necessitadas de todos os indigentes. Disto nasceu o desejo de desencarregar as comunas do sustento das crianças bastardas, cujos pais estivessem em condições de alimentar; disto, também, a busca da paternidade instigada pelas comunas e cuja prova é deixada à mulher. Pois, qual outro gênero de prova podemos ter certeza de obter em semelhante matéria? Obrigando as comunas a se encarregarem dos filhos ilegítimos e lhes permitindo procurar a paternidade a fim de aliviar o peso opressor, facilitamos, tanto como era entre nós, a má conduta das mulheres das classes baixas. A gravidez ilegítima quase sempre melhora sua situação material. Se o pai da criança é rico, elas podem descarregar sobre ele o cuidado de educar o fruto de seus erros comuns; se ele é pobre, elas confiam o cuidado à sociedade: a assistência que lhe concedemos de uma parte ou de outra ultrapassa quase sempre as necessidades do recém-nascido. Elas se enriquecem, portanto, pelos seus próprios vícios, e acontece frequentemente da jovem que foi mãe várias vezes fazer um casamento mais vantajoso do que a jovem virgem, que não tem senão suas virtudes a oferecer. A primeira encontrou uma espécie de dote em sua infâmia".

Repito que nada quis alterar nesta passagem de meu diário; reproduzi-o nos mesmos termos porque me pareceu expressar com simplicidade e verdade as impressões que eu gostaria de partilhar com o leitor.

Desde minha viagem à Inglaterra, a lei dos pobres foi modificada. Muitos ingleses se vangloriam que estas mudanças exercerão uma grande influência sobre o destino dos indigentes, sobre sua moralidade, sobre seu número. Eu gostaria de poder partilhar estas esperanças, mas eu não poderia fazê-lo. Os ingleses de nossos dias consagraram de novo, na nova lei, o princípio admitido há duzentos e cinquenta anos por Elisabete. Como esta princesa, eles impuseram à sociedade a obrigação de alimentar o pobre. Isto é o bastante; todos os abusos que eu tentei descrever estão encerrados no primeiro princípio, como o maior carvalho se encerra na semente que uma criança pode esconder em sua mão. É preciso somente tempo para se desenvolver e para crescer. Querer estabelecer uma lei que vem de uma maneira regular, permanente, uniforme à assistência dos indigentes, sem que o número dos indigentes aumente, sem que sua preguiça cresça com suas necessidades, sua ociosidade com seus vícios, é plantar a semente do carvalho e se surpreender que apareça um caule, depois flores, mais tarde folhas, enfim frutos que, semeando ao longe, farão sair um dia uma verde floresta das entranhas da terra.

Certamente estou longe de querer acusar a generosidade que é, todavia, a mais natural, a mais bela e a mais santa das virtudes. Mas penso que não é por princípio tão boa a ponto de podermos admitir como boas todas as suas consequências. Creio que a generosidade deve ser uma virtude viril e racional, não um gosto fraco e irrefletido; que não é necessário fazer o bem que mais agrade àquele que dá, mas o mais verdadeiramente útil àquele que recebe; não aquela que alivia completamente as misérias de alguns, mas aquela que serve ao bem-estar do maior número. Eu não poderia calcular a generosidade senão desta maneira; compreendida em outro sentido é ainda um instinto sublime, mas não merece mais aos meus olhos o nome de virtude.

Reconheço que a caridade individual produz quase sempre efeitos úteis. Ela se prende às maiores misérias, caminha sem barulho atrás da má fortuna, e repara de modo imprevisto e em silêncio os males que esta tem feito. Ela se encontra por toda parte onde existem infelizes a socorrer; cresce com seus sofrimentos e, entretanto, não podemos sem imprudência contar com ela, pois mil acidentes poderão retardar ou deter sua marcha; não sabemos onde encontrá-la, pois não é de modo algum advertida pelo grito de todas as dores.

Admito que a associação de pessoas caridosas, regularizando a assistência, poderia dar à generosidade individual mais atividade e mais poder; reconheço não somente a utilidade, mas a necessidade de uma caridade pública aplicada aos males inevitáveis, tais como a fraqueza da infância, a caducidade da velhice, a doença, a loucura; admito ainda sua utilidade momentânea nos tempos de calamidades públicas que de tempos em tempos escapam das mãos de Deus e vêm anunciar às nações sua cólera. A esmola do Estado é, então, também tão instantânea, tão imprevista, tão passageira quanto o próprio mal.

Vejo ainda a caridade pública abrindo escolas às crianças dos pobres e fornecendo gratuitamente à inteligência os meios de adquirir pelo trabalho os bens do corpo.

Mas estou profundamente convencido que todo sistema regular, permanente, administrativo, cujo objetivo será o de prover as necessidades do pobre, fará nascer mais misérias do que pode curar, depravará a população que quer socorrer e consolar, reduzirá com o tempo os ricos a serem somente os arrendatários dos pobres, esgotará as fontes de poupança, impedirá a acumulação de capitais, comprimirá o livre desenvolvimento do comércio, paralisará a atividade e a indústria humanas e acabará por ocasionar uma revolução violenta no Estado, quando o número daqueles que recebem a esmola terá se tornado quase tão grande quanto o número daqueles que a dão, e que o indigente não podendo mais tirar dos ricos empobrecidos o sustento para prover as suas necessidades, encontrará mais facilidade para em um só golpe despojar-lhes de seus bens, do que para pedir sua assistência.

Resumamos em poucas palavras tudo o que precede.

A marcha progressiva da civilização moderna aumenta gradualmente, e em uma proporção mais ou menos rápida, o número daqueles que são levados a recorrer à caridade.

Que remédio empregar contra semelhantes males?

A esmola legal se apresenta inicialmente ao espírito; a esmola legal sob todas suas formas, ora gratuita, ora escondida sob a forma de um salário, ora acidental e passageira em um determinado tempo, ora regular e permanente em outro. Mas, um exame aprofundado não tarda a demonstrar que este remédio, que parece todavia tão natural e tão eficaz, é de um emprego muito perigoso; que não proporciona às dores individuais senão um alívio enganoso e momentâneo, e que envenena as feridas da sociedade, qualquer que seja a maneira pela qual o empregamos.

Resta, pois, a caridade particular; esta não poderia produzir senão efeitos úteis. Sua própria fraqueza protege contra seus perigos; ela alivia muitas misérias e não faz nascerem outras. Mas, em presença do desenvolvimento progressivo das classes industriais, e de todos os males que a civilização mistura aos bens inestimáveis que ela produz, a caridade individual parece bem fraca. Suficiente na Idade Média, quando o ardor religioso lhe dava uma imensa energia, e quando sua tarefa era menos difícil de cumprir; o que se tornaria ela, em nossos dias quando o fardo que ela deve suportar é pesado, e quando suas forças são enfraquecidas? A caridade individual é um agente poderoso que a sociedade não deve de maneira alguma desprezar, mas no qual seria imprudente confiar: ela é um dos meios e não poderia ser o único.

O que resta, pois a fazer? Para qual lado dirigir seus olhares? Como suavizar os males que temos a faculdade de prever, mas não de curar?

Até aqui examinei os meios lucrativos da miséria. Mas existe somente este tipo de meios? Após ter refletido como suavizar os males, não seria útil procurar preveni-los? Não poderíamos impedir o deslocamento rápido da população, de tal modo que os homens não deixem a terra e não passem à indústria senão enquanto esta possa facilmente responder às suas necessidades? A soma das riquezas nacionais não pode continuar a aumentar sem que uma parte destes que produzem as riquezas tenham que amaldiçoar a prosperidade que fazem nascer? É impossível estabelecer uma relação mais fixa e mais regular entre a produção e o consumo de matérias manufaturadas? Não podemos facilitar às classes trabalhadoras a acumulação da poupança que, nos tempos de calamidade industrial, lhes permitam esperar, sem morrer, o retorno da fortuna?

Aqui o horizonte se estende para todos os lados diante de mim. Meu objeto se amplia; vejo um caminho que se abre, mas não posso neste momento percorrê-lo. O presente ensaio, demasiado curto para o que eu tinha a tratar, excede já, entretanto, os limites que eu acreditara dever cumprir. As medidas com a ajuda das quais podemos esperar combater de uma maneira preventiva o pauperismo serão o objeto de uma segunda obra com a qual eu espero homenagear, no próximo ano, a Sociedade Acadêmica de Cherbourg.

SEGUNDO ENSAIO SOBRE O PAUPERISMO
Alexis de Tocqueville

Esforcei-me por mostrar em um artigo precedente que, em nossos dias, a caridade privada e a caridade pública são impotentes para curar as misérias das classes pobres; resta-nos pesquisar de quais meios poderíamos nos servir para prevenir que estas misérias nasçam.

Semelhante assunto quase não tem limites naturais; sinto, portanto, a necessidade de estabelecer limites que ele próprio não indica.

Entre aqueles cuja posição se situa nos limites da necessidade, que é o assunto deste artigo, convém estabelecer duas grandes categorias: de um lado se encontram os pobres que pertencem às classes agrícolas; de outro os pobres que dependem das classes industriais. Estas duas faces de meu assunto devem ser tratadas em separado e examinadas em detalhe, pelo menos tanto quanto os limites estreitos do presente trabalho o permitam.

Apenas mencionarei o que tem relação com as classes agrícolas, porque as grandes ameaças do futuro não vêm de lá.

Na França, as heranças testamentárias são abolidas e a igualdade das partilhas penetrou nos costumes ao mesmo tempo em que se estabeleceu nas leis. É certo, portanto, que na França a propriedade fundiária jamais se encontrará aglomerada em algumas mãos, como ainda podemos ver em uma parte da Europa.

Ora, a divisão da terra, que pelo menos durante um tempo pode prejudicar os progressos da agricultura impedindo a aglomeração de capitais nas mãos de proprietários que teriam o desejo de inovar, produz imenso bem prevenindo o desenvolvimento do pauperismo nas classes agrícolas. Quando o agricultor não possui nenhuma parte do solo como na Inglaterra, os caprichos ou a cobiça dos proprietários podem lhe infligir de repente horrorosas misérias. Isto se compreende sem esforço. O mesmo número de homens não é necessário a todos os tipos, nem a todos os métodos de cultura.

Quando se converte, por exemplo, os campos de trigo em pasto, um pastor pode facilmente substituir cem trabalhadores. Quando se converte vinte pequenas propriedades em uma grande, cem homens poderão bastar para cultivar os mesmos campos que reclamavam quatrocentos braços. Na perspectiva da arte, talvez tenha havido progresso ao converter os campos de trigo em pradarias e os pequenos sítios em grandes domínios, mas o camponês, à custa de quem semelhantes experiências são feitas, não pode deixar de sofrer com elas. Eu ouvi dizer a um rico proprietário escocês que uma mudança na maneira de administrar suas terras e de cultivá-las tinha forçado três mil camponeses a deixar suas moradas e a ir procurar fortuna em outro lugar. A população agrícola deste canto da Escócia encontrou-se exposta, de repente, às mesmas misérias que afligem sem cessar as populações industriais quando novas máquinas são descobertas.

Acontecimentos semelhantes que fazem nascer o pauperismo nas classes agrícolas, o aumentam desmesuradamente nas classes industriais. Os homens, que desse modo são arrastados violentamente da cultura da terra, procuram um refúgio nos ateliês e nas manufaturas. A classe industrial não aumenta, portanto, somente de uma maneira natural e fragmentária seguindo as necessidades da indústria, mas de repente e por uma procedência artificial seguindo as misérias das classes agrícolas, o que não tarda a produzir excesso e a destruir a balança que deve sempre existir entre o consumo e a produção.

A aglomeração da propriedade fundiária em um pequeno número de mãos não tem, unicamente, como resultado acidental causar a miséria de uma porção da classe agrícola, ela sugere a um grande número de agricultores ideias e hábitos que devem, necessariamente e com o tempo, torná-los miseráveis.

O que vemos a cada dia sob nossos olhos? Quais são, entre os membros das classes inferiores, os que se entregam de bom grado a todos os excessos da intemperança e que amam viver como se cada dia não tivesse o dia seguinte? Quais mostram em todas as coisas mais imprevidência? Quem contrata casamentos precoces e imprudentes que parecem não ter por objeto senão multiplicar o número das desgraças sobre a terra?

A resposta é fácil. São os proletários, aqueles que não têm sob o sol outra propriedade senão aquela de seus braços. Na medida em que estes mesmos homens vêm a possuir uma porção qualquer do solo, pequena que seja, não percebem que suas ideias se modificam e seus hábitos mudam? Não é visível que com a propriedade fundiária o pensamento do futuro lhes ocorra? Eles se tornam previdentes no momento em que sentem ter algo de precioso a perder. Desde que estimem os meios de colocar, a si mesmos e seus filhos, fora das perturbações da miséria, adotam medidas enérgicas para escaparem a elas e aceitam privações momentâneas para garantir um bem-estar durável. Estas pessoas não são ainda ricas, mas já têm as qualidades que fazem nascer a riqueza. Franklin tinha o costume de dizer que, com a ordem, a atividade e a economia, o caminho da fortuna era tão fácil quanto aquele do mercado. Ele tinha razão.

Assim, não é a pobreza que torna o agricultor imprevidente e desordenado, porque com um campo muito pequeno ele pode ainda ser muito pobre, é a ausência inteira de toda a propriedade, é a dependência absoluta do acaso.

Acrescento que, entre os meios de dar aos homens o sentimento de ordem, atividade e economia, não conheço nada mais poderoso que lhes facilitar os acessos à propriedade fundiária.

Citarei ainda o exemplo dos ingleses. Os camponeses na Inglaterra talvez sejam, pensando bem, mais esclarecidos e não menos industriosos do que nós. Por que vivem em geral nesta brutal indiferença sobre o amanhã do qual nós não temos mesmo ideia? De onde surge em um povo frio o gosto desordenado pela intemperança? É fácil dizer: na Inglaterra, as leis e os hábitos se combinaram de maneira que nenhuma porção do solo jamais caísse em posse do pobre. Seu bem-estar e mesmo sua existência não dependem dele mesmo; mas da vontade dos ricos, sobre a qual ele não pode nada, os quais a seu bel-prazer lhe recusam ou lhe concedem o trabalho. Não tendo nenhuma influência direta e permanente sobre seu próprio futuro, ele deixa de se ocupar de si e esquece voluntariamente que existe.

O meio mais eficaz de prevenir o pauperismo entre as classes agrícolas é, seguramente, a divisão da propriedade da terra. Esta divisão existe entre nós na França, não temos a temer, de modo algum, que se estabeleçam grandes e permanentes misérias. Mas ainda podemos aumentar muito o conforto destas classes e tornar seus males individuais menos cruéis e mais raros. O dever do governo e de todas as pessoas de bem é trabalhar por isso.

Está fora de meu presente assunto procurar os meios.

Se na França a classe agrícola não está tão exposta quanto nos outros lugares aos reveses inevitáveis, a classe industrial não o está menos. O remédio que nós opusemos com sucesso às misérias do agricultor não foi, e é duvidoso que possa ser, o mesmo aos males do operário.

Ainda não descobrimos o meio de dividir a propriedade industrial, sem torná-la improdutiva, como a propriedade da terra; a indústria conservou a forma aristocrática nas nações modernas, ainda que, em toda parte, víssemos desaparecer as instituições e os costumes que a aristocracia fez nascer.

A experiência, até agora, mostrou que, para termos alguma esperança de sucesso, na maior parte dos empreendimentos comerciais, precisamos de grandes capitais concentrados em um pequeno número de mãos. Encontramos hoje alguns indivíduos que possuem grandes riquezas e que fazem trabalhar, por sua conta, uma multidão de operários que não possuem nada. Tal é o espetáculo

190

que apresenta em nossos dias a indústria francesa. É exatamente o que se passava no nosso país na Idade Média e que vemos ainda acontecer em uma grande parte da Europa na indústria agrícola.

Os resultados são análogos. O operário de nossos dias, como o agricultor daqueles tempos, não tendo nenhuma propriedade que lhe seja pessoal, não vendo nenhum meio de assegurar por si mesmo a tranquilidade de seu futuro e de elevar-se gradualmente para a riqueza, torna-se indiferente a tudo o que não é o gozo presente. Sua indiferença o deixa, então, sem defesa a todos os acasos da miséria. Mas existe uma grande e capital diferença entre o proletário rural e o proletário industrial; o segundo, independentemente das misérias habituais às quais sua imprevidência o abandonou, é ainda exposto sem cessar aos males acidentais que ele não pôde prever e que não ameaçam o outro. E as possibilidades são infinitamente maiores na indústria propriamente dita do que na agricultura, porque a indústria, assim como nós explicamos antes, é sujeita a crises súbitas que a agricultura jamais conheceu.

Os males imprevistos nascem para ele das crises comerciais.

Podemos, definitivamente, atribuir todas as crises comerciais a duas causas:

- Quando o número de operários aumenta sem que a cifra da produção varie, os salários diminuem e há crise.

- Quando o número de operários permanece o mesmo, mas a cifra da produção abaixa, muitos operários tornam-se inúteis e há crise.

Nós vimos que a França está muito menos exposta que as outras nações industriais às crises da primeira espécie porque, em nosso país, a classe agrícola jamais foi impelida de repente e com violência para a indústria.

Ela está, também, muito menos exposta do que outros povos manufatureiros às crises da segunda espécie, visto que ela depende menos do estrangeiro. Eu me explico:

Quando a indústria de uma nação depende dos caprichos ou das necessidades de nações estrangeiras, de nações distantes e frequentemente quase desconhecidas, sabemos muito bem que esses caprichos ou essas necessidades podem mudar em consequência de causas imprevisíveis, uma revolução industrial é sempre algo a temer. Quando, pelo contrário, o único ou o principal consumidor dos produtos de um país se encontra no próprio país, suas necessidades e seus gostos não poderiam variar de uma maneira tão súbita e tão imprevisível que o produtor não pudesse descobrir com muita antecedência a mudança que se prepara; e esta mudança, que se opera gradualmente, provoca incômodo no comércio, mas raramente há crise.

O mundo marcha evidentemente em direção a este ponto em que todas as nações serão igualmente civilizadas, ou em outros termos tão semelhantes umas as outras para poder fabricar no seu seio o maior número de objetos que lhe são agradáveis e necessários. As crises comerciais se tornarão então mais raras e menos cruéis. Mas este tempo está ainda longe de nós; em nossos dias, existe ainda tanta desigualdade entre as luzes, o poder, a indústria dos diferentes povos, para que alguns dentre eles possam se encarregar de fabricar para um grande número de outros os objetos dos quais estes necessitam. Estes povos, empreendedores da indústria humana, acumulam facilmente imensas riquezas, mas estão permanentemente ameaçados por horríveis perigos.

Tal é a posição da Inglaterra. A situação comercial da França é ao mesmo tempo menos brilhante e mais segura. A França não exporta para o estrangeiro senão os [²] de seus produtos, o resto se vende no interior. Em nosso país, a cifra do consumo se eleva sem cessar, mas os novos consumidores são em geral os franceses.

Na França, as crises comerciais podem, então, não ser tão frequentes, nem tão gerais, nem tão cruéis quanto na Inglaterra. Mas não poderíamos evitar completamente as crises, pois não há meios conhecidos de equilibrar de uma maneira exata e permanente, mesmo no interior de um reino, o número de trabalhadores e o trabalho, o consumo e a produção.

Podemos, portanto, prever que as classes industriais serão, independentemente das causas gerais e permanentes de miséria que agem sobre elas, submetidas frequentemente às crises. É necessário, então, poder lhes proteger ao mesmo tempo dos males que atraem para si e daqueles sobre os quais não podem nada. Toda a questão é saber quais meios preventivos elas podem usar para atenuar os efeitos.

Em minha opinião, todo problema a resolver é este:

Encontrar um meio de dar ao trabalhador industrial, como ao pequeno agricultor, o espírito e os hábitos da propriedade.

Dois meios principais se apresentam:

O primeiro, e aquele que inicialmente parece ser o mais eficaz, consistiria em dar ao trabalhador uma participação nos lucros da fábrica. Este produziria nas classes industriais efeitos semelhantes àquele que ocasiona a divisão da propriedade da terra entre a classe agrícola.

Seria sair dos limites deste ensaio examinar todos os planos que foram sucessivamente propostos para chegar a este resultado.

Eu me contentarei então em dizer brevemente que estes planos em busca do êxito encontraram sempre um destes dois obstáculos: de uma parte, os capitalistas empreendedores da indústria se mostraram quase todos pouco inclinados a dar a seus trabalhadores uma porção proporcional dos lucros ou a colocar na empresa as pequenas somas que estes poderiam lhes confiar. Eu penso que, por seu próprio interesse, eles estão completamente errados em não fazê-lo, mas não seria nem justo nem útil obrigá-los. De outra parte, quando os trabalhadores quiseram se tornar capitalistas, se associar entre eles, reunir fundos e gerir sua indústria por si mesmos com a ajuda de um sindicato, não tiveram êxito. A desordem não tardou a se introduzir na associação, seus agentes foram infiéis, seus capitais insuficientes ou mal assegurados, seu crédito quase nulo, suas relações comerciais muito restritas. Bem depressa uma concorrência arruinadora forçava a associação a se dissolver. Estas tentativas foram frequentemente renovadas sob nossos olhos, particularmente há sete anos, mas sempre em vão.

Eu sou levado a crer, todavia, que se aproxima um tempo no qual um grande número de indústrias poderá ser conduzido desta maneira. À medida que nossos trabalhadores adquiram luzes mais extensas e que a arte de se associar com propósitos honestos e pacíficos faça progresso entre nós, quando a política não se misturar às associações industriais e quando o governo, sossegado sobre sua intenção, não recusar a estes últimos sua benevolência e seu apoio, as veremos se multiplicar e prosperar. Eu penso que, nos séculos democráticos como os nossos, a associação em todas as coisas deve pouco a pouco substituir a ação preponderante de alguns indivíduos poderosos.

A ideia das associações industriais dos trabalhadores me parece então ser fecunda, mas não creio que seja madura. É preciso, por enquanto, procurar remédios em outro lugar.

Já que não podemos dar aos trabalhadores um lucro de proprietário na fábrica, podemos ao menos lhes facilitar, com a ajuda dos salários que eles retiram da fábrica, a criação de uma propriedade independente.

Favorecer a poupança sobre os salários e oferecer aos trabalhadores um método fácil e seguro de capitalizar estas poupanças e de fazê-los produzir rendimentos, tais são, pois, os únicos meios dos quais a sociedade pode se servir em nossos dias com o objetivo de combater os efeitos maléficos da concentração da propriedade mobiliária nas mesmas mãos, e a fim de dar à classe industrial o espírito e os hábitos da propriedade que uma grande porção da classe agrícola possui.

Toda a questão se reduz então a procurar os meios que podem permitir ao pobre capitalizar e tornar suas poupanças produtivas.

O primeiro destes meios, e o único que tínhamos empregado até agora na França, é o estabelecimento de caixas de poupança.

Eu vou então falar de modo mais detalhado sobre as caixas de poupança. As caixas de poupança da França diferem um pouco umas das outras por detalhes de administração. Mas, definitivamente, podemos considerar todas como estabelecimentos por meio dos quais os pobres colocam suas economias nas mãos do Estado que se encarrega de valorizá-las e de lhes pagar em prazos fixos um lucro de 4%.

Ocorre de modo semelhante na Inglaterra, exceto que o lucro pago pelo Estado é um pouco menos elevado que entre nós.

Tal remédio não oferece grandes perigos?

Observei de início que, em nosso país, o Estado que dá aos pobres 4% de seu dinheiro poderia facilmente tomar emprestado a 2,5% ou 3%. É, portanto, ao menos 1% a mais que o Estado paga sem necessidade e por considerações particulares ao seu credor. A soma que resulta disto deve ser considerada como o produto de um verdadeiro imposto dos pobres que o governo cobra de todos os contribuintes para socorrer os mais necessitados.

O Estado aceitará por muito tempo suportar este encargo? Poderá ele fazê-lo? É do que temos dúvida.

O montante de caixas de poupança se elevou em nosso país em poucos anos para mais de 100 milhões. Na Inglaterra ele está neste momento em 400 milhões. Na Escócia, que conta somente 2.300.000 habitantes, a poupança dos pobres chega a quase 400 milhões.

Se as classes pobres da França fornecessem ao Tesouro público de 4 a 500 milhões (o que, em um prazo dado, é possível e mesmo provável), sobre qual seria preciso pagar o lucro de 4%, poderia ele aceitar? Mesmo que o lucro fosse reduzido, o que seria uma grande infelicidade, semelhante soma não seria frequentemente muito mais embaraçosa do que útil?

A constituição atual de nossas caixas de poupança é, pois, pesada para o Tesouro. Ela oferece aos pobres, à nação em geral, todas as garantias desejáveis? Eu discordo.

Qual uso o Estado pode fazer destas somas que depositamos em suas mãos de todos os cantos da França?

Irá ele empregá-las para prover as necessidades diárias do Tesouro? Mas as necessidades do Tesouro são limitadas e o crescimento das caixas de poupança não o é. Acontece, portanto, um momento em que o Estado, recebendo mais do que pode gastar, é forçado a deixar acumular em suas mãos imensos capitais improdutivos. É o que nós vimos ultimamente. No momento em que a última lei sobre as caixas de poupança foi apresentada (fevereiro de 1837), o Tesouro tinha em caixa no banco 64 milhões, sobre os quais ele pagava 4% aos proprietários, o que não lhe beneficiava em nada, e que estavam inteiramente fora de circulação, medida sempre desagradável.

Um dos oradores, que tomaram parte na discussão da última lei, dizia que era necessário criar despesas para consumir os capitais, ideia que foi desenvolvida por outros oradores que falaram em grandes trabalhos públicos que seriam empreendidos com a poupança dos trabalhadores.

Como estes trabalhos não seriam ou poderiam não ser produtivos para o Estado, tudo isso se reduziria definitivamente a onerar a cada ano a massa dos contribuintes do lucro das somas que os pobres depositam no Tesouro público. Seria evidentemente o imposto dos pobres sob outro nome.

Se o Estado não emprega o dinheiro das caixas de poupança para prover as necessidades diárias do Tesouro, é preciso que ele o aplique de maneira a render lucros. Ora, é fácil ver que há apenas um emprego conveniente, é a busca de rendimentos por meio de aplicações financeiras. O Estado não é detentor do dinheiro das caixas de poupança senão sob a condição de restituí-lo na primeira solicitação dos depositantes, ele não pode, portanto, dispor do dinheiro dos depositantes senão com a mesma condição, isto é, com a função de pagar à vista seus credores. Ora, não há senão rendas negociáveis no ato que possam oferecer em grande escala esta facilidade. O Estado, seja ele representado pelo Tesouro ou pela Caixa de depósitos e consignações, não pode aplicar o dinheiro dos pobres senão em rendas. Isto tem vários inconvenientes muito graves, mas em particular este: quando os pobres depositam, compramos continuamente os rendimentos e os compramos a um alto preço, precisamente porque compramos muito de uma só vez; quando há pânico ou miséria real e que os pobres requerem seu dinheiro, é necessário, para pagá-los, vender as rendas e vendê-las a um preço baixo porque a vendemos muito de uma só vez. O Estado é, portanto, colocado nessa posição deplorável em que ele deve sempre comprar caro e vender barato, isto é, perder.

Esta exposição é exata e eu não penso que ninguém ouse contestá-la.

Assim, o depósito do dinheiro dos pobres nas mãos do Estado é, ou pode facilmente tornar-se, muito oneroso ao Estado e, o que há de pior, pode lhe impor encargos, dos quais é impossível prever anteriormente sua dimensão.

Isto não é tudo. É conforme ao interesse geral do país e a sua segurança? Sob o ponto de vista econômico, penso que é nocivo atrair sem cessar em direção ao centro todos os pequenos capitais disponíveis das províncias, os quais poderiam servir para enriquecer as localidades. Eu sei que uma parte desses capitais volta às localidades sob a forma de ordenados aos funcionários, de trabalhos públicos... Mas este retorno de dinheiro do centro para as extremidades se faz lenta e desigualmente; as maiores somas são frequentemente distribuídas nas províncias que têm menos fornecido ao Tesouro e que, sendo mais pobres e mais atrasadas, têm necessidade de abrir estradas, de cavar canais... Aliás, apenas uma parte das poupanças dos pobres retorna a eles sob forma de salários ou de melhorias sociais. A grande massa, sobretudo depois da nova lei, vai se perder nos fundos públicos e permanece nas mãos do comércio e dos agiotas de Paris.

Se eu considero o sistema atual sobre o ponto de vista puramente político, seus perigos me afligem bem mais ainda.

Para mim, não posso acreditar que seja sábio depositar toda a fortuna das classes pobres de um grande reino nas mesmas mãos e, por assim dizer, em um único lugar; de tal modo que um acontecimento, improvável sem dúvida, mas possível, possa arruinar de um só golpe seus únicos e últimos recursos e levar ao desespero populações inteiras que, não tendo mais nada a perder, facilmente se precipitariam sobre as posses alheias.

Há cem anos, o Estado foi à bancarrota mais de uma vez: o Antigo Regime foi, a Convenção também. Durante os últimos cinquenta anos, o governo da França foi radicalmente modificado sete vezes e recomposto inúmeras outras. Ao mesmo tempo, os franceses tiveram 25 anos de guerra terrível e duas invasões quase completas de seu território. É penoso recordar estes fatos, mas a prudência exige que nós não os esqueçamos. Em um século de transição como o nosso, em um século que é chamado forçosamente, por sua posição, por sua natureza, a longas agitações; em semelhante século é sábio colocar nas mãos do governo, quaisquer que sejam sua forma e seu representante atual, a fortuna inteira de um tão grande número de homens? Eu não posso crer nisso e é preciso que me provem que a coisa é necessária para que eu me submeta.

Aliás, o que é necessário temer, não é somente que o governo se apodere do capital emprestado pelos pobres, é que quem empresta, por sua imprudência, coloca o credor na impossibilidade de restituir e o força a entrar em bancarrota.

Qual o objetivo das caixas de poupança? Permitir ao pobre acumular, pouco a pouco durante os anos de prosperidade, os capitais dos quais ele poderá se servir nos tempos de miséria. É, portanto, da essência mesma das caixas de poupança que o reembolso seja sempre exigível e por pequenas somas, ou seja em espécie.

Num momento de crise nacional, num tempo de revolução, quando os temores reais ou imaginários sobre a solvência do Tesouro público, se apoderariam repentinamente do espírito do povo, seria então possível que em poucos dias o Estado fosse intimado a pagar *em numerário* muitas centenas de milhões de francos. O que, entretanto, não poderia fazer. Ora, quem ousaria calcular o efeito que produziria sobre todas as classes indigentes de um grande reino como a França, o anúncio de semelhante acontecimento?

Com louvável objetivo de dissipar os temores mal fundados que a última lei sobre as caixas de poupança tinha despertado no espírito das classes trabalhadoras de Paris, Sr. Charles Dupin ultimamente tentou estabelecer que, na França, os depósitos nas caixas de poupança não poderão ultrapassar certos limites fixos, que ele fixou em torno de 250 milhões no máximo, soma já considerável, mas à qual o Estado poderia, sem dúvida, fazer face.

A fim de prevenir o argumento, não podemos deixar de observar o exemplo da Inglaterra e, sobretudo, o da Escócia, onde sobre uma população de um pouco mais de 2 milhões de habitantes, as caixas de poupança, fundadas há somente 36 anos, já receberam depósitos no valor de 400 milhões de francos. Sr. Ch. Dupin faz notar que na Inglaterra as classes inferiores, não podendo chegar a possuir a terra, empregam suas economias unicamente depositando-as na caixa de poupança.

O fato é verdadeiro, mas a consequência que se tira disso é singularmente exagerada. Que a poupança seja feita com o objetivo de comprar terra ou obter rendimentos, pouco importa. O fato gerador é a poupança e não o objeto final da poupança.

Eu vou ainda mais longe e digo que, se na França a confiança real e absoluta na solvência das caixas de poupança viesse a se estabelecer entre as classes agrícolas, veríamos, guardadas as proporções, afluir nestas caixas infinitamente mais dinheiro do que a Inglaterra verte nelas. A causa disso é simples: no nosso país, o camponês é econômico, mas ele economiza apenas para um só fim, a compra da terra. Seu dinheiro tem um só uso ou não tem. Há na França, portanto, muito mais do que em outros lugares, pequenos capitais disponíveis para a caixa de poupança e que tomariam necessariamente esse caminho se um temor instintivo, que a experiência pode enfraquecer, não os retivesse ainda nas mãos daqueles que os possuem.

É evidente que, na medida em que as luzes crescerem e que o hábito de procurar um uso para suas economias de cada dia se difunda entre as classes pobres da França, o pequeno proprietário de terra, em lugar de acumular tostão por tostão em algum canto de sua residência a soma que deve lhe permitir aumentar sua terra, deixando assim durante uma longa sequência de anos um pequeno capital improdutivo e exposto a mil acidentes, é evidente, digo, que este pequeno agricultor aplicará suas economias em uma caixa de poupança vizinha com a ideia de resgatá-las um dia para fazer a aquisição territorial que ele deseja. As caixas de poupança formam precisamente a única aplicação conveniente para estes tipos de pessoas que, não querendo comprar a terra senão na sua vizinhança imediata e em pequena porção, necessitam de ter sempre seu capital disponível a fim de estar pronto a agarrar a oportunidade no instante mesmo em que as raras ocasiões se apresentam.

O gosto pela terra que possui o agricultor francês não impede, ou impede muito pouco, o crescimento dos depósitos feitos na caixa de poupança. Na realidade, estes depósitos têm seus limites na disposição do pobre em poupar e na capacidade de ver, com mais ou menos nitidez, que seu interesse é não deixar a poupança improdutiva e desprotegida.

Eis o que é preciso bem ver, pois os povos, como os indivíduos, não ganham nada ao se mascarar a verdade. Povos e indivíduos devem, ao contrário, considerá-la atentamente para ver se por acaso, junto ao mal, não se pode distinguir um remédio.

O que resulta de tudo isso que precede?

Em resumo, estou longe de dizer que as caixas de poupança, com a constituição que lhe demos, oferecem um perigo *atual*; não apresentam nenhum. Creio que, mesmo que não pudéssemos encontrar um meio de fazer desaparecer a possibilidade de um perigo futuro, ainda seria necessário criar caixas de poupança. Os males físicos e morais que causam a imprevidência e o pauperismo são presentes e enormes, os males que o remédio produziria estão afastados e talvez jamais cheguem. Esta consideração basta para me determinar.

Tudo que eu quero dizer, é que seria imprudente crer ter encontrado nas caixas de poupança, tal como as vemos em nossos dias, um remédio seguro aos males do futuro e que é preciso evitar ver sua instituição como uma espécie de panaceia universal. No lugar de se adormecer sobre esta falsa segurança, os economistas e os estadistas de nossos dias deveriam tender, de um lado, a melhorar a constituição das caixas de poupança, e de outro, a criar outros recursos para as economias dos pobres.

As caixas de poupança são um excelente meio de despertar nos pobres a ideia de economizar e relacionar os lucros à suas economias. Mas estas caixas não poderiam permanecer, com segurança, para sempre o único lugar de depósito para as poupanças do pobre.

Examinemos sucintamente estas duas questões.

Eu não pretendo investigar nem indicar todas as melhorias que poderiam ser introduzidas no sistema das caixas de poupança. Isto seria ultrapassar os limites deste artigo. Quero somente indicar o princípio geral que me parece dever ser adotado e uma das aplicações mais fáceis desse princípio.

O governo, no lugar de se esforçar para atrair tanto quanto possível o produto das caixas de poupança para o Tesouro e fundos públicos, deveria tender com todo o seu poder a dar, sob sua garantia, a estes pequenos capitais, um uso local e que exponha o Estado, o menos possível, a um recurso universal e repentino. Eis o princípio.

Quanto à aplicação, o que tenho a dizer:

Existem agora em todas as cidades da França bancos de empréstimo sobre fiança que nomeamos crédito a fundo perdido. Os bancos de crédito a fundo perdido são estabelecimentos muito usurários, já que eles emprestam geralmente, sem correr nenhum risco, a 12%. É verdade que o dinheiro que acumulam desta maneira serve para prover os hospitais, de tal sorte que estes bancos de crédito a fundo perdido podem ser considerados como estabelecimentos de ajuda pelos quais arruinamos o pobre a fim de lhe preparar um asilo em sua miséria.

Esta simples exposição fala por si mesma. É evidente que, no interesse das classes indigentes e no interesse da ordem e da moral pública, é necessário se apressar a dar outras fontes de recursos aos hospitais.

No momento em que a ligação que une os bancos de crédito a fundo perdido e os hospitais fosse rompida, nada é mais natural do que unir os bancos de crédito a fundo perdido às caixas de poupança e de fazer destas duas coisas uma única e mesma empresa.

Neste sistema, a administração receberia de um lado a poupança de uns e de outro as reaplicaria. Os pobres que têm o dinheiro para emprestar o depositariam nas mãos de uma administração que, mediante fiança, o reaplicaria aos pobres que teriam necessidade de tomar emprestado. A administração não seria senão um intermediário entre estas duas classes. Na realidade, seria o pobre econômico ou momentaneamente favorecido pela fortuna que emprestaria a juros sua poupança ao pobre pródigo ou infeliz.

Nada mais simples, mais praticável e mais moral do que tal sistema: as poupanças dos pobres empregadas desta maneira não colocariam em risco nem o Estado nem os próprios pobres, porque não há nada de mais seguro no mundo do que um investimento sob fiança. Além disso, seria um verdadeiro banco dos pobres no qual os pobres forneceriam o capital.

Os juros provenientes de empréstimos, já que se destinam apenas aos interesses das economias que os pobres depositam, poderiam nos dar dois resultados, ambos muito úteis: não teríamos mais necessidade de pedir juros usurários ao pobre que toma emprestado sob fiança e poderíamos dar um lucro mais elevado ao pobre que deposita suas reservas. Um poderia ser facilmente reduzido a 7% e o outro elevado a 5%, o que seria um duplo bem.

Por certo, poderiam acontecer momentos de miséria pública, nos quais os depositantes da caixa de poupança viriam tomar de volta seu dinheiro, enquanto o número daqueles que tomam emprestado nos bancos de crédito a fundo perdido cresceria excessivamente. A administração receberia então menos de uns e seria obrigada a fornecer mais a outros.

É fácil ver que o perigo que assinalamos aqui é mais aparente do que real.

Não há estabelecimento que goze mais de crédito do que uma

casa de empréstimo sob fiança. Aqueles que lhe emprestam dinheiro não correm nenhum risco porque eles têm por garantia de seu crédito a própria fiança. É por esta razão que os bancos de crédito a fundo perdido sempre conseguiram receber empréstimos a preços baixos, mesmo quando o Estado ou os particulares estavam sem crédito. Se, portanto, a administração da qual eu falo se encontrasse momentaneamente privada da poupança de alguns pobres, ela tomaria emprestado para fazer face aos empréstimos sobre fiança que outros pobres viriam lhe fazer, e ainda encontraria neles seu proveito, pois tomaria emprestado a 5% e emprestaria a 7%.

Não pretendo de modo algum ser inventor do sistema que exponho aqui. A união do banco de crédito a fundo perdido e da caixa de poupança existe há [⁴] anos em uma de nossas cidades mais importantes e mais avançadas no que diz respeito às instituições filantrópicas e populares, a cidade de Metz. Por meio dessa união, os administradores da caixa de poupança puderam pagar 5% no lugar de 4% aos depositantes que tinham menos de [⁵] francos e os administradores do banco de crédito a fundo perdido (que são as mesmas pessoas) conseguiram abaixar os juros de empréstimo sob fiança para 7% , enquanto que em Paris não contratamos senão a 12%. No mais, as taxas de administração desses dois estabelecimentos diminuíram pela metade desde que se reuniram em um só. Enfim, e para completar o quadro, é preciso acrescentar que a caixa de poupança de Metz, assim como o banco de crédito a fundo perdido, atravessaram a revolução de 1830 e a crise financeira que seguiu sem experimentar obstáculos graves.

As ideias que exponho não se baseiam somente em raciocínios, mas na experiência. Por que o governo, que, nestes últimos tempos, mostrou uma verdadeira solicitude pelos interesses materiais das classes indigentes, não procurou aproveitar esta útil experiência? Por qual razão, longe de provocar a união das caixas de poupança e dos bancos de crédito a fundo perdido, resiste cada dia aos pedidos que lhe são feitos com este objetivo? Eu não posso [senão] dificilmente compreendê-lo. Se conseguíssemos atrair, realmente, para as mãos do Estado todas as poupanças dos pobres, a ruína dos pobres e a do próprio Estado não poderia ser evitada. O governo acreditaria que interessa a sua segurança vincular a existência das classes trabalhadoras à sua, de tal modo que não se possa destruí--lo sem as arruinar? Eu não posso acreditar em uma empresa tão perigosa. Considero, a combinação que indiquei, o mais poderoso meio que podemos usar para retirar das caixas de poupança suas vantagens, evitando uma parte de seus perigos. Digo uma parte, pois é evidente que o remédio proposto pode, em um tempo dado, tornar-se insuficiente.

Se os administradores da caixa de poupança não pudessem empregar as economias do pobre senão para emprestar sob fiança, essa aplicação sendo limitada e a poupança não, chegaria, sem dúvida, um dia em que seríamos obrigados a recusar novos depositantes. Isso seria um grande mal, já que resultaria no espírito do pobre uma dúvida contínua sobre a aplicação de suas economias e consequentemente uma grande tentação de não economizar.

Eu não gostaria que o Estado fechasse de uma maneira definitiva suas caixas para poupança do pobre. Deixaria subsistir a legislação tal como existe atualmente; autorizaria as caixas de poupança a verter seus fundos ao Tesouro apenas quando os bancos de crédito a fundo perdido não pudessem mais usá-lo. Desta maneira, teríamos todas as vantagens da instituição e teríamos evitado a maior parte dos seus perigos.

Mas isso ainda não é o bastante. Enquanto o pobre não quiser colocar seu dinheiro senão com a condição de poder retirá-lo à sua vontade e enquanto não tivermos a oferta de meios fáceis e seguros de colocá-lo de outro modo, não chegaremos a resultados ao mesmo tempo grandes e seguros.

---

1. A tradução baseou-se no texto publicado em: TOCQUEVILLE, Alexis de. **Oeuvres**, T. I, Paris, Ed. Gallimard (Coleção Bibliothèque de la Pléiade) 1991, sob a direção de André Jardin com a colaboração de Françoise Mélonio e Lise Quéfelec. Tradução de Helena Esser dos Reis e revisão de Céline Marie Agnès Clément.

2. Sr. de Villeneuve.
3. Nota de Tocqueville: Veja 10 BLACKSTONE, livre I, ch. IV; 20 Os principais resultados da pesquisa feita em 1833 sobre o estado dos pobres, contidos no livro intitulado: Extracts from the Information received by His Majesty's Commissioners as to the Administration and Operation of the Poor-Laws; 30 The Report of the Poor-Laws Commissioners; 40 E enfim a lei de 1834 que foi o resultado de todos estes trabalhos.
4. Nota de Tocqueville: Na França, a classe industrial não atinge ainda senão o quarto da população.
5. Há um espaço em branco no texto.
6. Espaço em branco no texto.
7. Espaço em branco no texto.

APRESENTAÇÃO DOS AUTORES

Éric Keslassy: doutor em sociologia econômica e professor no Institut d'Études Politiques de Lille (França). Pesquisa o aspecto social e econômico do pensamento tocquevilliano e dedica-se ao tema da discriminação positiva. É autor de vários artigos e livros, entre os quais *Le liberalisme de Tocqueville à l'épreuve du paupérisme* (Paris: L'Hartmattan, 2000) e *Antologie Critique. Textes Economiques de Alexis de Tocqueville*. (Paris: Pocket, 2005), cuja organização e apresentação é conjunta com Jean-Louis Benoît.

Jean-Louis Benoît: doutor em letras e professor aposentado da Université de Caen (França), dedica-se desde os anos 80 a pesquisas sobre a obra de Alexis de Tocqueville. Dirigiu a publicação do tomo XIV das *Obras Completas* de Tocqueville pela editora Gallimard. É autor de livros, artigos e conferências sobre Tocqueville, entre os quais *Antologie Critique. Textes Economiques de Alexis de Tocqueville*. (Paris: Pocket, 2005), cuja organização e apresentação foi realizada junto com Éric Keslassy e o *Dictionnaire Tocqueville* (Paris: Nuvis, 2013). Várias de suas obras estão disponíveis on-line no site de clássicos da Université du Québec au Chicoumiti.

Juan Manuel Ross: doutor em filosofia e professor na Universidad de Valência (Espanha), dedica-se a pesquisas sobre o pensamento social e político de Tocqueville. É tradutor de Tocqueville para o espanhol, tendo publicado a edição crítica de *Memoria sobre el pauperismo de Tocqueville* (Madrid. Tecnos, 2003) e, junto com Julián Sauquillo, traduziu e apresentou *Del sistema penitenciário em Estados Unidos y su aplicación en Francia* (Madrid. Tecnos, 2005). É autor do livro *Los dilemas de la democracia liberal* (Barcelona. Crítica. 2001) e de vários artigos, muitos dos quais podem ser acessados on-line por meio da Dialnet da Universidade de la Rioja, Espanha.

Julián Sauquillo: doutor em direito e catedrático de filosofia do direito da Univesidad Autónoma de Madrid (Espanha), esteve como professor visitante na Itália e em vários países latino-americanos, entre os quais no Brasil. É reconhecido pesquisador sobre o pensamento de Foucault e dedica-se também à teoria social e política dos séculos XIX e XX, com especial interesse pelo pensamento de Tocqueville. Junto com Juan Manuel Ros traduziu e apresentou *Del sistema penitenciário em Estados Unidos y su aplicación en Francia* (Madrid. Tecnos, 2005). Autor de vários livros, publicou recentemente *Michel Foucault: poder, saber y subjetivación* (Madrid. Alianza. 2017). Sua extensa obra pode ser conhecida e muitas delas acessadas on-line, no site Dialnet da Universidad de la Rioja, Espanha.

Helena Esser dos Reis: doutora em filosofia e professora da Faculdade e Programa de Pós-Graduação em Filosofia, do Núcleo e Programa de Pós-Graduação Interdisciplinar em Direitos Humanos da Universidade Federal de Goiás. Realizou Estágio Sênior de Pós-doutorado na Universidade de Coimbra, Portugal. É pesquisadora do CNPq. Estudiosa do pensamento de Jean-Jacques

Rousseau e de Alexis de Tocqueville, dedica-se a temas relativos à democracia e direitos humanos. É autora de diversos artigos publicados em revistas e livros coletivos, entre os quais "Eliminação del pauperismo: condición para la construción de la democracia" (in: Ruiz e Ramírez. *Justiça, estado de excepción y memoria*. Bogotá. Univ. del Rosario. 2011) e "Da paixão pela igualdade à desigualdade e opressão: ruína da democracia" (in: Costa. *Razões, paixões, utopias: democracia em questão*. São Paulo. LiberArs. 2018).

Kalfriedrich Herb: doutor em filosofia política é catedrático de filosofia política e história das ideias na Univesitat Regensburg (Alemanha), é também diretor do centro de estudos sobre o Brasil *Brasilienkontext*, desta universidade. Esteve como professor visitante na Unversidade Federal de Pernambuco (UFPE) e na Universidade Estadual de Campinas (UNICAMP), no Brasil. Reconhecido pesquisador de Rousseau e Tocqueville, dedica-se a temas sociais e políticos no âmbito do pensamento moderno em especial. É autor de inúmeros artigos e livros, entre os quais duas obras organizadas junto com Oliver Hidalgo sobre Tocqueville. São elas: *Alter Staat – Neue Politik: Tocquevilles entdeckung der modernen* (Nomos. 2004) e *Alexis de Tocqueville* (Campus. 2005).

Marcelo Gantus Jasmin: historiador, doutor em ciência política pelo Instituto Universitário de Pesquisa do Rio de Janeiro – IUPERJ. Realizou pós-doutorado na Stanford University – Estados Unidos. É pesquisador do CNPq. Foi diretor da Fundação Casa de Rui Barbosa e professor do IUPERJ. Desde 1984 é professor do Departamento de História da Pontifícia Universidade Católica do Rio de Janeiro. Dedica-se a temas de teoria e filosofia da história, teoria política e história dos conceitos. Autor de uma diversidade de artigos publicados em revistas e livros coletivos relacionados direta e indiretamente ao pensamento de Tocqueville, publicou *Alexis de Tocqueville. a historiografia como ciência da política* (2ª. ed, Ed. UFMG, 2005).

Marta Nunes da Costa: doutora em filosofia pela New School (Estados Unidos), foi investigadora no Centro de Estudos Humanísticos da Universidade de Braga (Portugal) e professora visitante na Universidade Federal de Santa Catarina (UFSC). Atualmente é professora da Faculdade de Filosofia da Universidade Federal do Mato Grosso do Sul (UFMS), onde coordena o Grupo de Estudos Democráticos vinculado ao CNPq. Dedica-se à investigação de temas de ética e filosofia política com especial interesse em democracia e direitos humanos. É autora de vários artigos e livros, entre os quais *Redefining Individuality* (Braga. Humus. 2010) e *Modelos Democráticos* (Belo Horizonte. Arraes. 2013), e organizadora de outros, como *Razões, paixões, utopias: democracia em questão* (São Paulo. LiberArs, 2018).